W0259211

H. Kerner/G. Bruckner

Rechnernetzwerke

Systeme, Protokolle und das ISO-Architekturmodell

Springer-Verlag Wien New York

o. Prof. Dr. Helmut Kerner
Dipl.-Ing. Georg Bruckner

Institut für Angewandte Informatik und Systemanalyse
Technische Universität Wien, Österreich

Mit 101 Abbildungen

CIP-Kurztitelaufnahme der Deutschen Bibliothek

Kerner, Helmut:

Rechnernetzwerke: Systeme, Protokolle u.d.
ISO-Architekturmodell / Kerner; Bruckner.
– Wien, New York: Springer, 1981.
ISBN-13:978-3-211-81666-0

NE: Bruckner, Georg.

ISBN-13:978-3-211-81666-0 e-ISBN-13:978-3-7091-8637-4
DOI: 10.1007/978-3-7091-8637-4

Vorwort

In kaum einem Teilgebiet der Informatik ist eine derart rasche Entwicklung im Gang wie auf dem Gebiet der Rechnernetzwerke. Moderne Technologien der Datenfernübertragung gestatten Kommunikation mit einem Vielfachen der Kapazität, die vor zehn Jahren möglich war, und einer erhöhten Wirtschaftlichkeit. Neue öffentliche Datennetze wurden in den letzten Jahren in Betrieb genommen. Die Anforderungen der Benutzer dieser Netze verlangen auch bei der Entwicklung der Kommunikationssoftware das Beschreiten neuer Wege. Insbesondere Fragen der internationalen Standardisierung von Schnittstellen sind erst seit kürzester Zeit in Diskussion und haben bereits einen beachtlichen Fortschritt erzielt.

Bei der Vorbereitung einer Vorlesung über Rechnernetzwerke im Wintersemester 1980/81 wurde ein gewisser Mangel an einführender deutschsprachiger Literatur über diese neuesten Entwicklungen festgestellt. Das vorliegende Lehrbuch hat sich in seiner ersten Fassung als Skriptum für die genannte Vorlesung gut bewährt und versucht, dem Mangel an einführender Literatur abzuhelfen. Nach einem kurzen Überblick über die wichtigsten Prinzipien der Übertragungstechnik werden, ausgehend von einfachen Kommunikationsprotokollen, die Grundbegriffe von Computernetzwerken erläutert. Die ausführliche Behandlung der Architektur offener Systeme anhand des ISO-Referenzmodells, das die Grundlage für die internationale Standardisierung darstellt, bildet den Schwerpunkt des Textes.

Die Autoren danken den Mitarbeitern des Instituts für Angewandte Informatik und Systemanalyse und der Rechenzentren der Technischen Universität Wien sowie den Studenten, die durch Diskussion und konstruktive Kritik zum Gelingen dieses Buches beigetragen haben.

Unser besonderer Dank gilt jedoch Frau Renate Kainz, die in unermüdlicher Arbeit die Fertigstellung des Manuskripts und der vielen Zeichnungen ermöglicht hat.

Wien im Juni 1981

o.Univ.Prof. Dr.phil. H. Kerner　　　　Dipl.-Ing. G. Bruckner

Inhaltsverzeichnis

1. Übersicht 1

Anwendungen - Beispiele
Zweck, Komponenten
Inhaltsübersicht

2. Grundlagen 12

2.1 Übertragungstechnik 12
2.1.1 Codierungsarten 12
Einfach-, Doppelstrom
2.1.2 Modulierungsarten 14
Nichtmoduliert, Trägermodulation
2.1.3 Spektrum - Bandbreite 17
Nyquist/Shannon-Kanalkapazität
2.1.4 Verzerrungen, Störungen 21
2.1.5 Digitale Übertragung 21
Pulse Code Modulation
2.1.6 Neue Übertragungstechnologien 22
Satellitenübertragung
Optische Glasfaserleitungen

2.2 Systemübersicht 25
2.2.1 Betriebsarten 25
simplex, duplex, halbduplex
seriell, parallel
synchron, asynchron
2.2.2 Verbindungsarten 29
Punkt zu Punkt, Mehrpunkt, geschaltet
2.2.3 Systemschema 32
DEE, DÜE, Schnittstellen
Verbindungsaufbau
Protokoll
2.2.4 Geräte 37
Arten, Modems, Leitungsarten, Güte der Übertragung

3. Steuerung auf Einzelleitung 41

3.1 Kommunikationsprotokolle 41
3.1.1 Modelle einfacher Systeme 41
Punkt zu Punkt, Mehrpunkt
geschaltet
3.1.2 Steuercodes 46
3.1.3 Beschreibung realer Protokolle 50
BSC, Zustandsdiagramme

3.2 Höhere Steuerung 58
3.2.1 HDLC 58
Betriebsarten, Formate,
commands, responses
Beispiele
3.2.2 Andere Steuerungsprotokolle 68
3.2.2.1 SDLC 68
3.2.2.2 DDCMP 68

3.3 Effizienz der Übertragung 72
Vergleich der Protokolle
effektive Übertragungsgeschwindigkeit

4. Netzwerke 75

4.1 Grundbegriffe 75
4.1.1 Netztypen 75
Kriterien: Grad der Kopplung,
Topologie des Netzes,
Vermittlungsarten,
Private-öffentliche
Netze
4.1.2 Konzentrieren, Multiplexen,
Schalten 81
Prinzipien: FDM, TDM-synchron/
asynchron

4.2 Datentransport auf nichtspeichernden
Netzen 87
4.2.1 Standleitungen 88
Modems, Kosten

4.2.2 Wählleitungen 89
Vergleich
Vermittlung
Haupt-, Sekundärkanal
4.2.3 Multiport-Modems 92
Prinzip, Beispiel
4.2.4 Multipointverbindungen 96
analog, digital, TDM
4.2.5 Line Multiplexing 98
4.2.6 Netzwerkbeispiel 99
Kriterien, Berechnung, Antwortzeiten

4.3 Architektur von Rechnernetzwerken 106
4.3.1 Prinzip der Speichervermittlung ... 106
4.3.1.1 Prototyp ARPA 109
Hosts, IMP, TIP
Topologie
Flußsteuerung
4.3.1.2 Hierarchischer Schalenbau 112
ISO-Modell: Transport-, Anwendersystem
4.3.2 Das Transportsystem 116
vier Ebenen
Die Schnittstelle X.25
4.3.2.1 Physical Layer 118
4.3.2.2 Link Layer 119
4.3.2.3 Network Layer 121
Prinzipien
X.25, Ebene 3: Protokoll, Flußsteuerung
ISO-Modell Netzwerkebene: Virtuelle Verbindung, Datagram
Verklemmung
Wegsteuerung: fix, adaptiv
Flußmengensteuerung
4.3.2.4 Transport Layer 142
Funktionen
Message Transmission Controller

4.3.3 Das Anwendersystem 148
drei Ebenen
4.3.3.1 Session Layer 148
4.3.3.2 Presentation Layer 153
Virtual Terminal
Virtual File System
Virtual Job Service
4.3.3.3 Application Layer 161
4.3.4 Anschluß an Fremdnetze 163
Beispiel, Funktionen, X.75

4.4 Rückblick 167
Leitungsschalten, Paketschalten:
Vergleich
Zusammenfassung

4.5 Broadcast-Systeme 172
4.5.1 Übertragungstechniken für
Broadcast-Systeme 172
Rundfunkübertragung
Breitbandkabel, ETHERNET
Satellitensysteme
4.5.2 Kollisionen und deren Vermeidung .. 175
ALOHA-Systeme
CSMA-Systeme
Reservierungsmechanismus

Literatur 181

Sachverzeichnis 190

1. Übersicht

Ort der Handlung: Ein kleines Reisebüro in einem Wiener Außenbezirk.

Reiseagentin zum Kunden: "Sie wollen also nach Caracas, Venezuela fliegen. Wir wollen sehen, welche Möglichkeiten es dafür gibt."

Flink werden einige Steuerzeichen und dann die Worte Wien - Caracas in das Terminal getippt. In Sekundenschnelle erscheint als Antwort eine Liste am Bildschirm.

"Sie können jeden Freitag nach Paris fliegen und haben dort Anschluß an die Concorde, das ist sicher die rascheste, aber auch teuerste Möglichkeit. Täglich gibt es einen Direktflug nach New York mit Anschlüssen nach Caracas jeden Dienstag, Donnerstag und Sonntag."

Herr Maier entscheidet sich für Dienstag über New York. Wieder tippt die Reiseagentin einige Schlüsselworte ein: Wien, New York, Datum. Und wieder kommt binnen Sekunden die Antwort: Ja es gibt noch freie Plätze. Nun noch New York Caracas, Datum, mittels PANAM.

"Leider, New York - Caracas ist für diesen Tag bereits ausgebucht."

Auf der Suche nach Alternativen werden über dasselbe Terminal weitere Fluglinien abgefragt, bis unser Kunde folgende Anschlüsse zugesichert erhält:

Wien - London	Austrian Airlines
London - Washington	British Airways
Washington - Caracas	TWA

und dazu die genauen Abflug- und Ankunftszeiten. Herr Maier bucht, bezahlt und bekommt sofort sein Ticket ausgehändigt. Auch das wird in das Terminal eingetippt. Seine Reservierung ist somit gesichert.

Herr Maier hat Pech. In London wird gestreikt. Sein Flugzeug nach Washington hat fünf Stunden Verspätung. Doch in Washington am TWA-Schalter ist schon ein Ersatz-Ticket für ihn bereit. Aufgrund der Passagierlisten wußte man dort schon Bescheid, daß Mr. Maier aus London kommend seinen Anschluß verpassen würde.

Als Herr Maier in Caracas nicht ankommt, wendet sich sein Geschäftsfreund, der ihn abholen wollte, voll Sorge an den TWA-Schalter. Der Mann am Schalter tippt Name und Flugnummer in sein Terminal. Wenige Sekunden später kommt die Antwort: "Señor Maier hat den Anschluß versäumt. Er kommt morgen um die gleiche Zeit an."

Man stelle sich nun einmal vor, Herr Maier hätte diese Reise vor 20 Jahren unternommen. Ja, man kann sich einen internationalen Flugverkehr ohne Computer-Netzwerke heute kaum vorstellen. Darum haben sich schon im Jahre 1949 die größten Fluglinien zu einer Arbeitsgemeinschaft zusammengeschlossen, um den Nachrichtenaustausch untereinander zu verbessern.

Schon im Laufe der fünfziger Jahre wurde ein Informationsnetz dieser Arbeitsgemeinschaft (SITA) innerhalb Europas aufgebaut, damals freilich mit reinem Telex-Betrieb.

Im Jahre 1964 begann man, das SITA-Netz den neuen Erfordernissen des internationalen Flugverkehrs anzupassen und ein Computer-Netz in Betrieb zu nehmen, um Flugreservierungen auf raschem Wege durchzuführen.

Heute betreibt SITA ein weltumspannendes Netzwerk, das Computerzentren in allen Kontinenten miteinander verbindet. Über Telefonleitungen können Terminals an dieses Netz angeschlossen werden. Die einzelnen Fluglinien (heute mehr als 160), die vielfach ihre eigenen Netzwerke für die vielfältigsten Zwecke besitzen, stellen ihre Reservierungsinformationen dem SITA-Netz zur Verfügung. Reisebüros und Flughafenschalter können dann über das SITA-Netz in der Weise, wie sie zu Beginn geschildert wurde, auf diese Informationen zugreifen.

Das SITA-Netz besteht aus einem High-level-Netz, das die Hauptzentren mit Leitungen hoher Kapazität miteinander verbindet, und aus einem Low-level-Netz, das über langsamere Leitungen Zugang zu jeweils einem Hauptzentrum ermöglicht. Das High-level-Netz ist in Fig. 1.1 dargestellt.

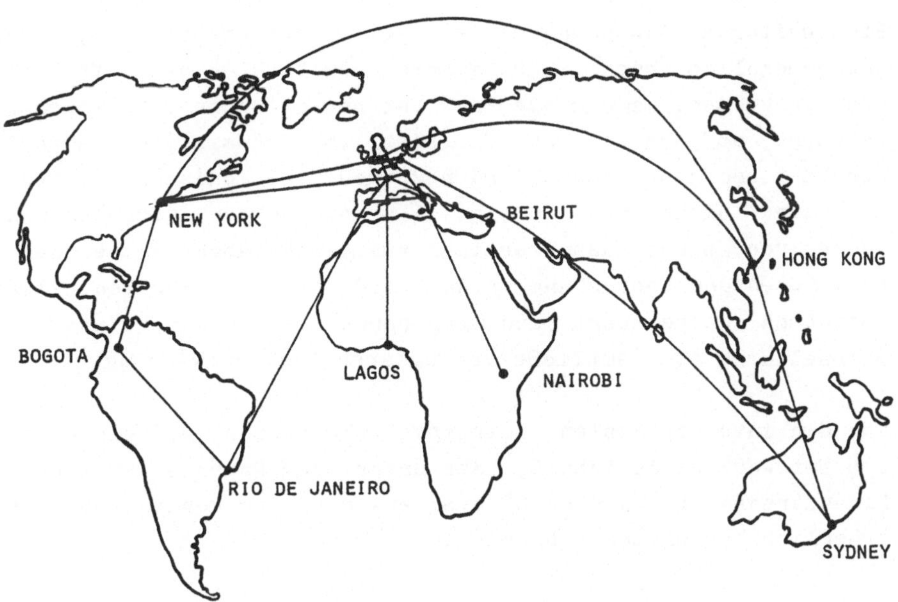

Die Zentren in Europa sind:

London	Amsterdam
Paris	Brüssel
Madrid	Frankfurt
	Rom

Fig. 1.1 Das SITA-Netz

Um nur eine Andeutung über die Menge der ausgetauschten Information zu geben, seien hier die Ergebnisse einer Messung im Pariser SITA-Zentrum angegeben.

Während der Hauptbetriebszeit wurden in Paris (d.h. von allen an das Zentrum Paris angeschlossenen Stellen) rund vier Nachrichten/sec. gemessen, wobei die Durchschnittslänge der Nachrichten rund 170 Zeichen beträgt. Da diese Zahlen aus dem Jahre 1973 stammen, kann man sich vorstellen, wie sehr der Datenverkehr bis heute zugenommen hat.

Ein weiteres Anwendungsgebiet von Rechnernetzwerken, das wahrscheinlich noch mehr Menschen unmittelbar betrifft, ist das Bankwesen. Jede große Bank hat heute schon ihr eigenes Netzwerk aufgebaut, über das sämtliche Transaktionen sofort verbucht und gespeichert werden können. Telefonische Rückfragen sind nicht mehr nötig. Alle gewünschten Informationen können von einem Kassenterminal aus direkt abgefragt werden. Der momentane Kontostand etwa wird ebenso in der zentralen Datenbank gespeichert und gegebenenfalls verändert wie die Wechselkurse für sämtliche verfügbaren Auslandswährungen.

Für den internationalen Zahlungsverkehr wurde 1977 ein eigenes Netzwerk eingerichtet, das unter dem Namen SWIFT läuft. Finanztransaktionen über Staatsgrenzen hinweg konnten dadurch erheblich beschleunigt werden.

Weitere Anwendungen gibt es in den verschiedensten Handelsbetrieben, bei denen Produktionsstätten, Lager und Verkaufsstellen geographisch getrennt liegen, oder etwa in Bibliothekssystemen, die es Benutzern ermöglichen, Kataloge aus räumlicher Entfernung zu studieren und systematisch zu durchforsten.

Neue Anwendungen gehen in den Bereich von "electronic mail", also die elektronische Übertragung von brieflichen Nachrichten und deren Speicherung in elektronischen "Briefkästen", die wiederum über das Netzwerk abgefragt werden können.

Die folgende Tabelle soll eine grobe Übersicht geben, in welchem Ausmaß Datenübertragungssysteme vermutlich bis zum Jahre 1990 verwendet werden. Die zweite Spalte gibt an, wie groß die erwartete Datenmenge ist, die auf diverse Übertragungsmedien übertragen wird. Die dritte Spalte gibt an, in welchem Ausmaß Computer an diesen Systemen beteiligt sind.

1990: Anwendungen	10^x Bit/Jahr	Rechner
Telefon, Videotelefon, Fernsehen, Post	19 ... 16	gering
Bücherei (Durchsicht, Internationaler Verleih)	15	mittel - stark
Bargeldloser Zahlungsverkehr	14	mittel
Spezialliteratur-Suche, Medizin, Patente	14	stark
Faksimile (einzelne Figuren)	14	gering
Grundbuch, Aktienkauf, Kriminal. Informationszentralen	13	mittel - stark
Faksimile (Zeitungen)	13	gering
Flugreservierungen, EKG, Medizin, Diagnose, Fahrzeugregistrierung	12	stark
Buchdruck (entfernt)	12	gering
Aktien (Anfragen), Hotelreservierungen, Führerschein	11	mittel
Telegramme, Autoreservierungen, Theaterkarten, gestohlene Fahrzeuge und Gegenstände	10	gering - mittel

Fig. 1.2 Datenübertragung 1990

Ein interessanter Vergleich läßt sich zwischen Rechnernetzen und dem Telefonnetz anstellen. Fig. 1.3 zeigt den Zuwachs an Telefonen in den USA etwa seit 1875. Für den Zuwachs an Computerterminals, die an Netzwerke angeschlossen werden können, wird eine ähnliche Zuwachskurve erwartet, jedoch mit einer Verschiebung von rund 80 Jahren für die USA, von 90 Jahren für Europa.

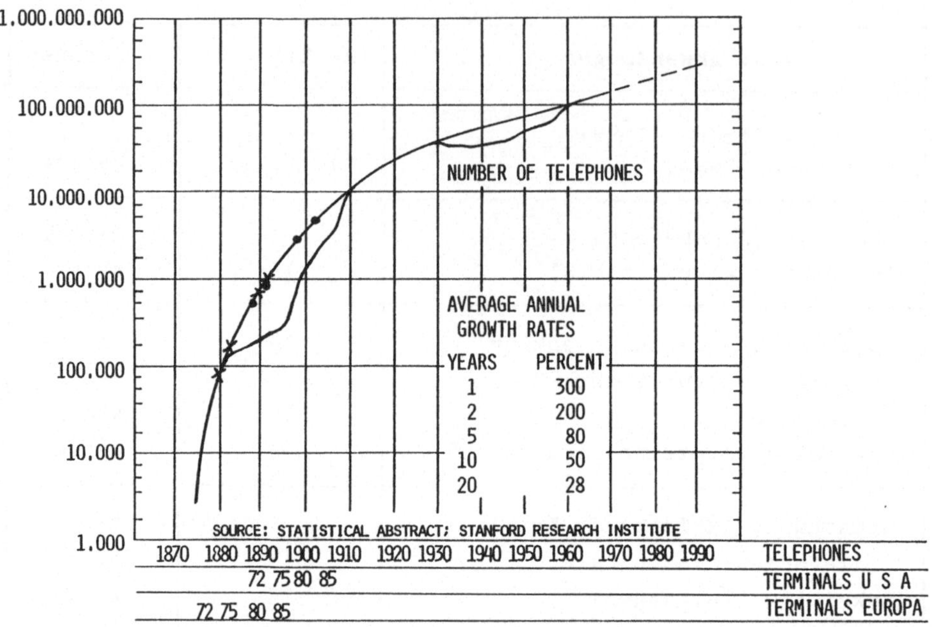

Fig. 1.3 Zuwachs an Telefonen und Terminals

Von einem mehr technischen Standpunkt aus kann man drei Hauptanwendungszwecke von Rechnernetzwerken unterscheiden:

- Datenteilnahme (File Sharing):
  Räumlich voneinander getrennte Benutzer wollen auf eine gemeinsame Datenbank zugreifen. Das bekannteste Beispiel hiefür sind wohl die Geldinstitute.
  Bei gewissen Spezialdatenbanken, etwa in der Medizin (Organbanken) oder der Kriminologie (Verbrecherdateien) fallen die Daten nicht an einer zentralen Stelle an, sondern an geographisch verteilten Außenstellen. Eine Faustregel besagt, man solle Daten dort speichern, wo sie anfallen. Datenbanken, die auf diese Weise entstehen, nennt man "verteilte Datenbanken".

- Programmteilnahme (Program Sharing):
  Bestimmte Spezialprogramme, meist auch solche, die vor unbefugter Weitergabe geschützt werden sollen, werden

oft nicht direkt an Benutzer weitergegeben, sondern können über ein Netzwerk von entfernten Datenstationen aufgerufen werden. Die Ergebnisse werden dann ebenfalls über das Netzwerk dem Benutzer zurückgeschickt.

- Geräteteilnahme (Device Sharing):
  Die Rechnerleistung soll dorthin gebracht werden, wo sie tatsächlich benötigt wird, ohne einen Rechner oder aufwendige Peripheriegeräte anschaffen zu müssen.
  Eine andere Art der Geräteteilnahme ist der Lastausgleich, bei dem gewisse Verarbeitungsprozesse von einem überlasteten Rechner an einen anderen zur Verarbeitung weitergegeben werden. Diese Form wird allerdings heute noch in sehr geringem Ausmaß verwendet.

Mischformen aller drei Anwendungszwecke, insbesondere wo kooperierende Anwendungen räumlich getrennt sind, fallen allgemein unter den Begriff "Verteiltes Rechnen" oder "Distributed Processing".

Fernziel einer Entwicklung von Distributed Processing Systems ist es, öffentliche Rechnernetze in einer derart umfassenden Weise anzubieten, daß jeder Benutzer, der eine entsprechende Berechtigung erwirbt, auf jeden am Netz angeschlossenen Rechner zugreifen und seine Dienstleistungen, seien es spezielle Datenbanken, sei es Rechenzeit oder spezielle Programme, in Anspruch nehmen kann.

In den USA sind in den letzten 10 - 15 Jahren eine ganze Reihe von kommerziellen, öffentlich zugänglichen Netzen entstanden (TELENET, TYMNET u.a.). Diese Entwicklung war in den USA aufgrund der Monopolfreiheit leichter möglich als etwa in Europa, wo in jedem Land die jeweilige Postverwaltung ein Monopol für jegliche elektronischen Kommunikationsmedien besitzt.

Innerhalb der EG wurde nun ein öffentliches Rechnernetzwerk, genannt EURONET, eingerichtet und 1979 in Betrieb genommen. Aber auch auf nationaler Basis sind solche öffentlichen Netzwerke im Entstehen. Genannt seien das französische TRANSPAC und das deutsche DATEX-P. Schon in wenigen Jahren wird es möglich sein, die öffentlichen Netzwerke aller europäischen Staaten miteinander zu verbinden.

Bevor wir uns mit den Grundlagen der Rechnernetzwerke, beginnend mit Übertragungstechnik, befassen, soll ein kurzer Überblick über ein typisches Netzwerk gegeben werden.

Die wesentlichen Komponenten eines Netzsystems sind:

- Wirtrechner (Host)
- Netzknoten
- Leitungen
- Konzentratoren und Multiplexer
- Terminals

Der Wirtrechner ist zumeist eine Großrechenanlage, die jede Art von herkömmlicher EDV zuläßt. An ein Netzwerk sind ein oder mehrere Wirtrechner angeschlossen. In ihnen werden die Anwendungsprozesse durchgeführt. Ein Teil des Betriebssystems oder ein eigener Front End Processor stellt die Verbindung zum Netzwerk dar.

Netzknoten sind Teile des Netzwerkes selbst. Sie sind in erster Linie Schaltzentren des Netzwerkes (vgl. Wählamt beim Telefon), übernehmen aber auch Aufgaben der Netzwerkverwaltung.

Netzknoten untereinander und Netzknoten mit Wirtrechnern sind durch Leitungen miteinander verbunden. Über sie werden Daten übertragen. Die Grundlagen der Übertragungstechnik werden in den folgenden Kapiteln behandelt. Erwähnt sei nur noch, daß auch Richtfunk und Rundfunk, seit kurzem auch lichtleitende Glasfiberleitungen als Übertragungsmedien verwendet werden.

Konzentratoren und Multiplexer sind Geräte, die dazu dienen, einzelne Leitungen in eine leistungsfähigere Leitung zusammenzufassen und diese damit ökonomischer auszunützen.

Terminals sind Datenendgeräte, über die ein Benutzer an das Netzwerk herantreten und mit einem entfernten Wirtrechner in

Verbindung treten kann. Unter den Terminals gibt es viele verschiedene Arten: "intelligente" Terminals, die, meist durch Mikroprozessoren gesteuert, einen Teil der Verarbeitung, etwa das Formatieren der Daten, selbst durchführen können, oder einfache Teletypes (Fernschreiber), die nichts anderes können als eingetippte Zeichen unverändert weiterzugeben.

Fig. 1.4 zeigt das einfache Schema eines Rechnernetzwerkes.

Ziel dieses Buches ist es, eine Einführung in die Konstruktionsprinzipien von Rechnernetzwerken zu geben. Wir werden uns daher im Kapitel 2 vorerst mit den Grundlagen der Übertragungstechnik herkömmlicher Technologie auf elektrischen Leitungen beschäftigen. Anschließend sollen eine kurze Übersicht über Betriebs- und Verbindungsarten sowie ein einfaches Systemschema präsentiert werden.

Kapitel 3 befaßt sich mit der Steuerung auf Einzelleitungen. Verschiedene Leitungsprotokolle werden beschrieben.

Erst in Kapitel 4 werden Netzwerke im eigentlichen Sinn behandelt. Nach der Erklärung einiger Grundbegriffe wird zwischen nichtspeichernden und speichernden Netzen unterschieden, wobei im ersten Fall die verwendeten Geräte beschrieben werden und ein Beispiel eines Netzentwurfes durchgerechnet wird.

Bei den speichernden Netzwerken wird von einem Prototyp, nämlich dem in den USA entwickelten ARPA-Netz ausgegangen. Anhand des 1979 veröffentlichten Modells der Internationalen Standard Organisation werden die Funktionsweise von Netzwerkprotokollen und die Aspekte der Prozeßkommunikation ausführlich dargelegt.

Vertiefungen dazu, die über den Rahmen dieses Buches hinausgehen, liegen im Bereich der Implementierung und Systemanalyse. Im ersten Fall ist ein wesentlich genaueres Studium der diversen Standardprotokolle und der Betriebssysteme erforderlich.

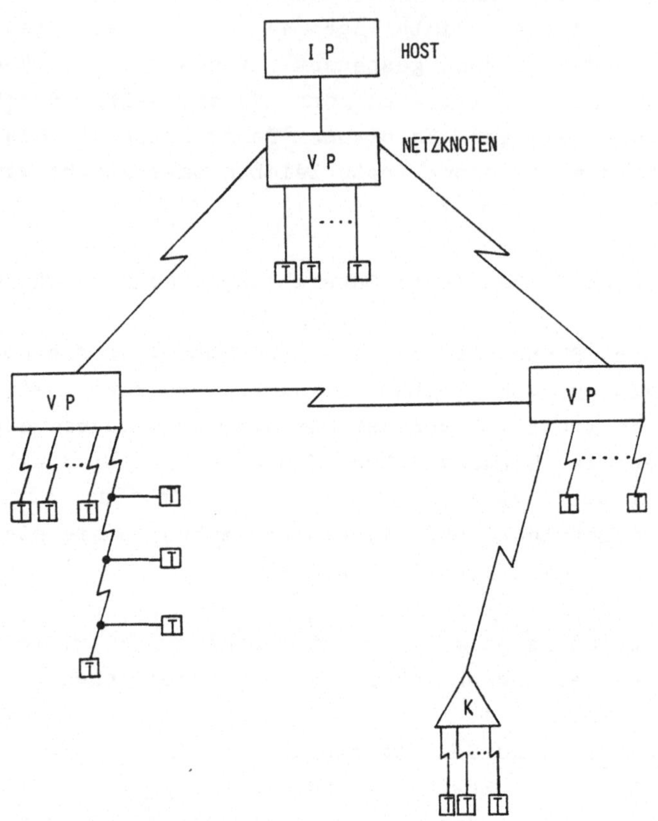

IP ... Informations-Prozessor (Datenverarbeitungsanlage - Quelle, Senke)

VP ... Verkehrs-Prozessor (Konzentrations- und Schaltfunktion,
Pufferfunktion,
Erweiterung: Lokale Hilfsfunktionen (Editing))

K ... Konzentrator (Konzentrations- und Multiplexfunktion)

T ... Terminal

Fig. 1.4 Schema eines Rechnernetzwerkes

Die Systemanalyse beschäftigt sich mit Problemen der Bedarfserhebung und -analyse sowie des Entwurfes von geeigneten Netztopologien, mit quantitativen Analysen zur Optimierung von Netzstrukturen, zur Berechnung der erforderlichen Leitungskapazitäten und garantierten Antwortzeiten. Die Warteschlangentheorie ist hiezu ein unerläßliches Werkzeug.

Das Studium von verteilten Datenbanken fällt ebenfalls in den Bereich des hier nicht Behandelten.

Literatur zu Kap. 1 ist in folgenden Büchern zu finden: /Davi 73/, /Schn 78/, /Schw 77/.

2. Grundlagen

2.1 Übertragungstechnik

2.1.1 Codierungsarten

Wir sprechen von Code auf zwei verschiedenen Ebenen:

- nachrichtentechnische Ebene;
  der Code ist ein elektrisches Merkmal
  zur Kennzeichnung von Bits

- informationstechnische Ebene;
  der Code ist eine Bitfolge zur Bezeichnung
  des Alphabets (z.B. ASCII, Baudout, siehe Kap. 3.1)

In diesem Abschnitt behandeln wir die Codierung im nachrichtentechnischen Sinn. Um Daten auf Leitungen über größere Entfernungen übertragen zu können, müssen sie als elektrische Signale codiert werden. Beim Empfänger werden diese Signale wiederum als eine Folge von Bits, also als Daten, interpretiert.

Wir unterscheiden folgende Arten der Codierung:

- Einfachstrom:
  Dabei werden nur zwei Niveaus unterschieden, Strom - kein Strom, denen die logische Bedeutung 0 - 1 zukommt. In regelmäßigen Zeitabständen wird nun abgetastet und so die Folge von elektrischen Merkmalen als Bitfolge codiert. Da die Übergänge zwischen "Strom" und "kein Strom" nicht scharfkantig, wie in Fig. 2.1 angedeutet, sind, muß auch eine "graue Zone" definiert sein, innerhalb derer die logische Bedeutung unbestimmt ist.

  Der Einfachstrom besitzt den Nachteil, daß eine Störung (z. B. kurzfristiger Stromausfall) als logischer Wert mißinterpretiert werden kann.

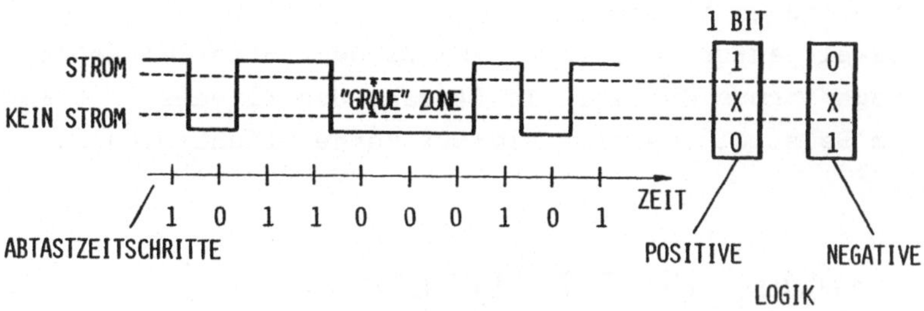

Fig. 2.1 Einfachstrom

- Doppelstrom:
  Dieser zuletzt genannte Nachteil kann bei Doppelstrom vermieden werden. Man spricht hier auch von Umpolung, da die beiden logischen Werte durch Umpolen (pos. Strom - neg. Strom) bestimmt werden. Zwischen zwei logischen Werten fällt der Strom jeweils auf das Nullniveau zurück. Dies dient auch dazu, um den Takt der Zeitabschnitte zu bestimmen. Das Nullniveau liegt bei Doppelstrom in der "grauen Zone". Dadurch wird eine höhere Sicherheit erreicht.

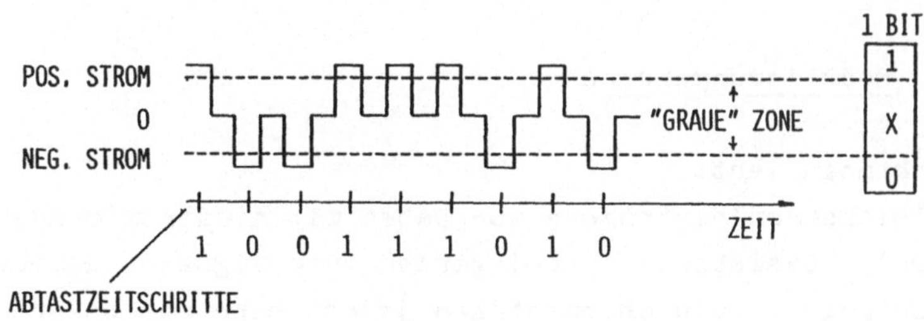

Fig. 2.2 Doppelstrom

Bei den beiden angeführten Codierungsarten entspricht jeweils ein Zeitabschnitt der Information von 1 bit. Anders ist das bei der Verwendung von

- Mehrfachen Niveaus:

  Dabei entspricht die Anzahl der Bits/Zeitschritt dem Logarithmus dualis, ld (Anzahl der Niveaus). Dies soll am Beispiel von vier Niveaus verdeutlicht werden.

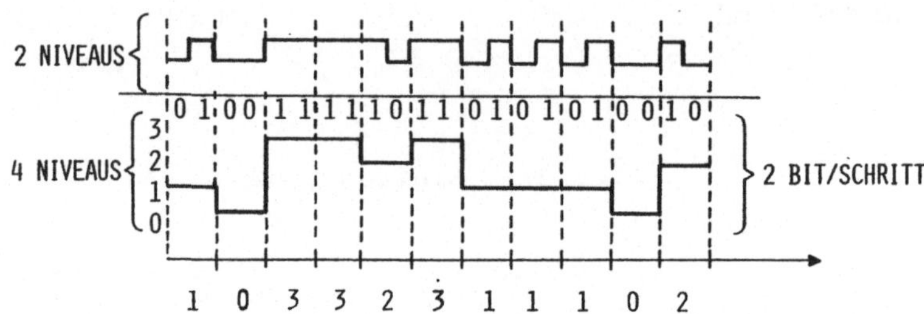

Fig. 2.3 Mehrfachniveaus

In diesem Zusammenhang sei auch auf den Unterschied der Maßeinheiten bit/sec und baud hingewiesen. baud = Schritte/sec und ist nur dann äquivalent zu bit/sec, wenn 1 Schritt = 1 Bit, also nur bei zwei logischen Niveaus.

2.1.2 Modulierungsarten

a) Nichtmoduliert:

"Gleichstromübertragung von Daten mit niederem Sendepegel" (GDN); Basisband: Dabei werden die Signale unmoduliert übertragen. Dadurch entstehen jedoch sehr rasch Verzerrungen, die eine Geschwindigkeit von mehr als 300 bit/sec und größere Entfernungen nicht zulassen (höchstens ca. 30 km).

b) Trägermodulation:

Die Codierung wird mittels einer Trägerwelle in Form von Sinuswellen vorgenommen. Die Sinus-Schwingung des Trägers ist eine Funktion der Zeit (t) mit drei Parametern:

$$s = A \cdot \sin(2\pi f.t + \varphi)$$

A ... Amplitude
f ... Frequenz
φ ... Phasenverschiebung

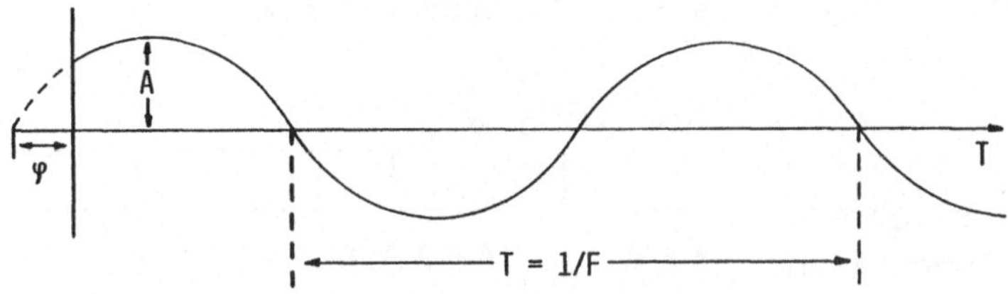

Fig. 2.4 Sinusschwingung

Entsprechend den drei Parametern gibt es zur Codierung des zu übertragenden Signals N=N(t) drei Arten der Modulation:

1. Amplitudenmodulation

   Bei gleichbleibender Frequenz und Phase wird der Code durch eine Veränderung der Amplitude erzeugt, wie in Fig. 2.5 bei zwei Niveaus gezeigt wird. (Sebstverständlich ist eine Codierung auch auf mehreren Niveaus möglich, was entsprechende Abstufungen der Amplitude erfordert).

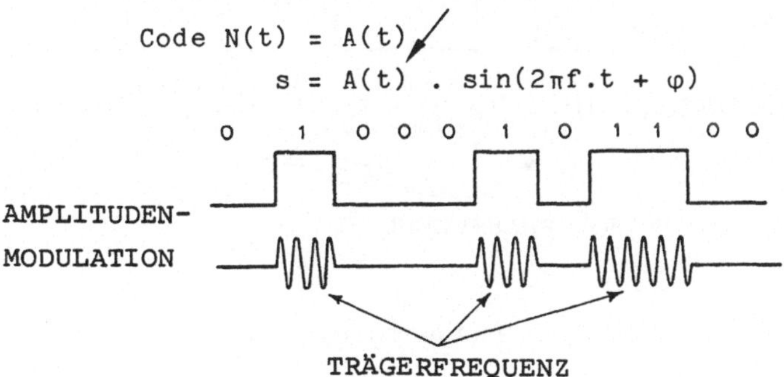

Fig. 2.5 Amplitudenmodulation

2. Frequenzmodulation

Hier wird der Code durch eine Veränderung der Frequenz bei gleichbleibender Amplitude und Phase ausgedrückt.

Code $N(t) = f(t)$

$$s = A \cdot \sin(2\pi f(t) . t + \varphi)$$

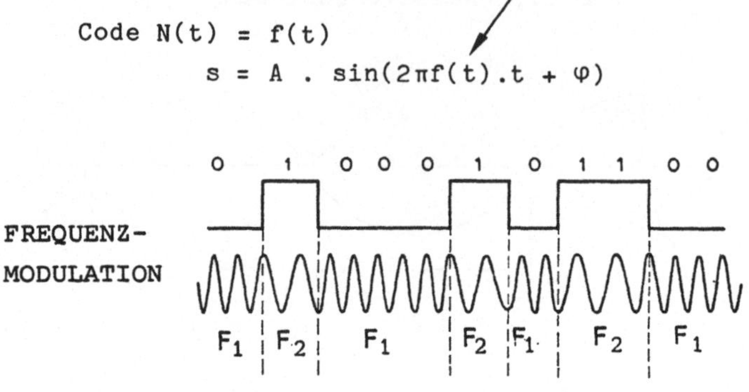

Fig. 2.6 Frequenzmodulation

3. Phasenmodulation

Hier wird eine Verschiebung der Phase zur Codierung verwendet.

Code $N(t) = \varphi(t)$

$$s = A \cdot \sin(2\pi f . t + \varphi(t))$$

0 1 0 0 0 1 0 1 1 0 0

PHASEN-
MODULATION

180° PHASENWECHSEL

Fig. 2.7 Phasenmodulation

In der Praxis wird meistens die Frequenzmodulation verwendet.

2.1.3 Spektrum - Bandbreite

Unter Bandbreite versteht man den Frequenzbereich, den ein Kanal (Leitung) übertragen kann. Unter Spektrum versteht man jenen Frequenzbereich, der von einer Quelle gesendet werden kann.

Figur 2.8 zeigt das Spektrum der menschlichen Sprache (0 - 12000 Hz), darübergelegt die Bandbreite eines typischen Telefonkabels. Man kann daraus ersehen, daß Frequenzen über 4000 Hz nicht mehr übertragen werden können. Da die Stärke der unterdrückten Schwingungen gering ist, wird die Verständlichkeit der Sprache dadurch kaum beeinträchtigt.

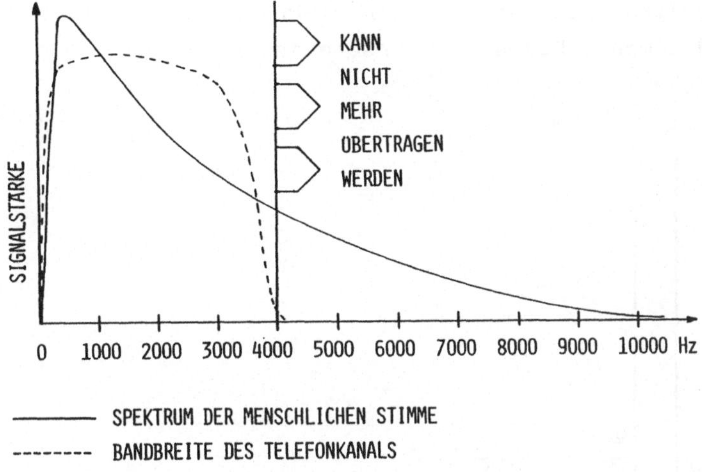

Fig 2.8 Spektrum und Bandbreite

Will man rechteckige Signalsprünge (z.B. Einfachstromcode) auf Telefonkanälen übertragen, so muß man als erstes deren Spektrum kennen und hierauf ermitteln, wie sich die Unterdrückung der außerhalb des Bandes des Telefonkanals liegenden Frequenzen auf die Erkennbarkeit des Codes auswirkt.

Bei der Übertragung von diskreten Signalen mit einer bestimmten Grundfrequenz (in bit/sec bei 2-Niveau Signalen) muß die rechteckige Schwingung als Summe von Sinusschwingungen dargestellt werden. Prinzipiell läßt sich jede periodische Schwingung in einer Fourierreihe folgendermaßen darstellen:

$$F(t) = \sum_{n=0}^{\infty} A_n \cdot \sin(2\pi . nf . t + \varphi_n)$$

f ... Grundfrequenz

Um eine rechteckige Schwingung mit Amplitude A exakt zu erzielen, wäre unendliche Bandbreite erforderlich.

Figur 2.9 zeigt jedoch, daß die höheren Frequenzen mit immer niedrigerer Stärke auftreten. Darauf beruht das Ergebnis, welches in Fig. 2.10 gezeigt wird, daß nämlich schon geringe Bandbreiten genügen, um ein diskretes Signal so zu übertragen, daß man 2 Niveaus unterscheiden kann.

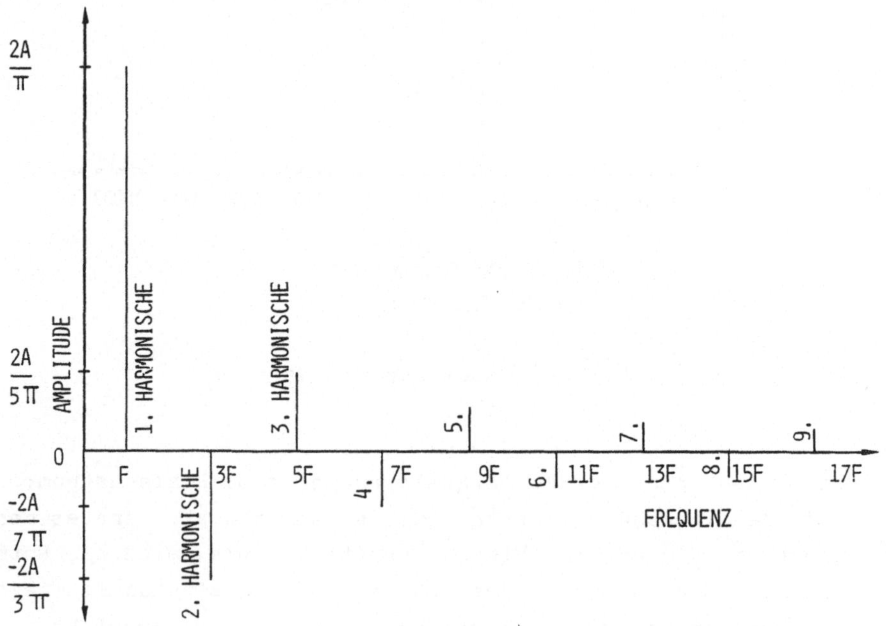

Fig. 2.9 Spektralkomponenten einer rechteckigen Schwingung der Form 010101...

Figur 2.10 würde nahelegen, daß bei einer Bitrate von 2000 bit/sec. eine Bandbreite von ca. 1000 Hz schon genüge, um das Signal zu erkennen.

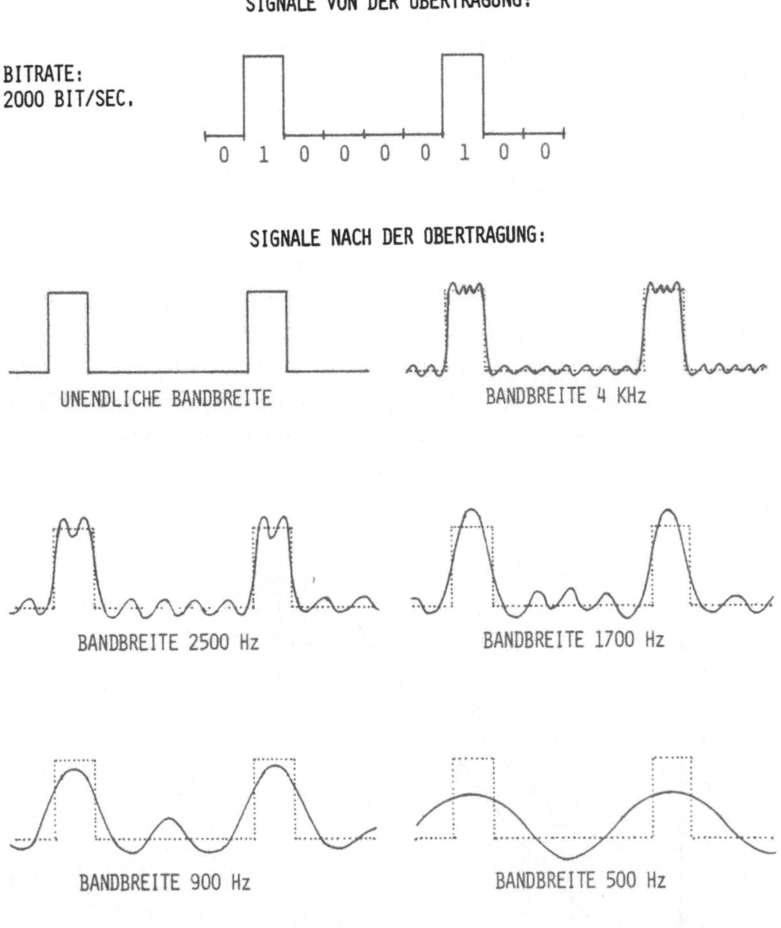

Fig. 2.10 Erkennbarkeit von diskreten Signalen bei Übertragung über verschiedene Bandbreiten

Nyquist berechnete eine obere Schranke für die Kanalkapazität bei idealem Kanal (d.h. Keine Verzerrung der Amplitude
keine Verzerrung der Phasen
kein Rauschen
keine Störungen)

C = 2W . ld L

C ... Kapazität in bit/sec
W ... Bandbreite (width) in Hz
L ... Signalniveaus (levels)

Im idealen Fall stimmt Nyquist also mit unserem Beispiel überein. Bei 2 Niveaus und einer Bandbreite von 1000 Hz beträgt die obere Schranke der Kanalkapazität:

2.1000.ld 2 = 2000 bit/sec

Eine etwas realistischere obere Schranke berechnete Shannon, der weißes Rauschen (noise) in seine Formel mit einbezog. Unter weißem Rauschen versteht man die Summe aller völlig zufälligen Störungen, die auf einem Übertragungsmedium auftreten. Es beeinträchtigt daher die Übertragungskapazität so wie Rauschen im Telefon auch die Verständlichkeit und damit die Übertragungsgeschwindigkeit beeinflußt.

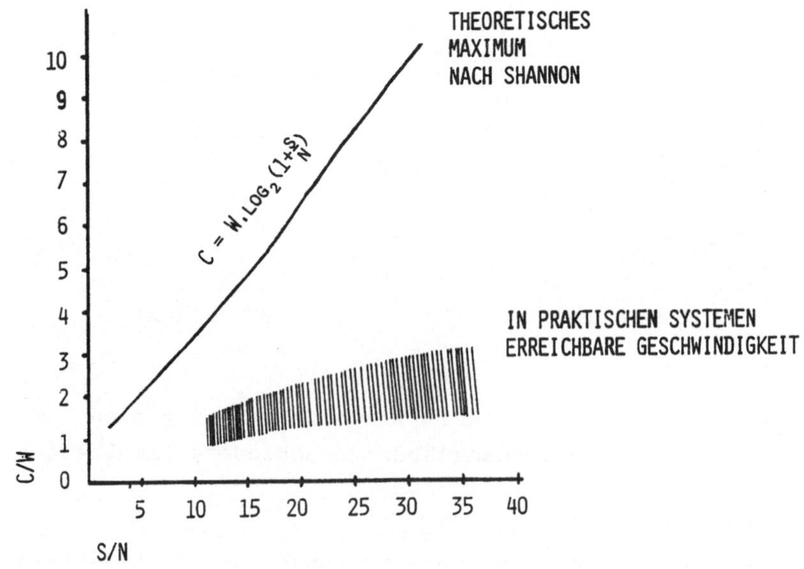

Fig. 2.11 Übertragungsrate, abhängig vom Rauschen (nach /Mart 69/)

$$C = W \cdot \mathrm{ld}\left(1 + \frac{S}{N}\right)$$

S ... Signalleistung
N ... Rauschleistung

Auch bei starkem Rauschen ist eine Übertragung noch möglich, jedoch wird die Kapazität C sehr gering. Am störungssichersten erweisen sich nur 2 Niveaus.

2.1.4 Verzerrungen, Störungen

Unter Verzerrungen versteht man alles, was in der normalen Physik der Übertragung liegt:

Amplitudenverzerrung
Phasenverzerrung
Rauschen

Impulsstörungen sind noch unangenehmer, besonders bei Telefonübertragung. Da solche Störungen meistens mehr als acht Bits gleichzeitig treffen, nützt auch ein Paritätsbit nicht, diese Störung zu erkennen oder zu korrigieren. Es wird die Sicherung einer Nachricht größerer Blocklänge nötig, wobei nach einer Fehlererkennung die Übertragung des Blocks wiederholt wird (siehe Kap. 3.1). Andere Störungen sind Übersprechen und Echos.

2.1.5 Digitale Übertragung

Diese Übertragungstechnik setzt sich besonders bei der Datenübertragung immer mehr durch. Dabei werden binäre Signale auf der Leitung übertragen. Da ein solches Signal sehr rasch verzerrt wird, müssen in kurzen Abständen (1-2 km) Regeneratoren eingesetzt werden, die das digitale Signal erkennen und vollständig regenerieren. Wird das Signal genügend häufig regeneriert, kann der Effekt des Rauschens ausgeschaltet werden. Dadurch ist die digitale Übertragung letztlich sicherer als die analoge.

Das wichtigste Verfahren zur Erzeugung des binären Signalstromes ist die Puls Code Modulation. Sie ist notwendig, um analog anfallende Signale zu digitalisieren. Dabei wird ein elektrisches Signal in bestimmten Zeitabständen so abgetastet, daß diskrete Werte abgelesen werden können, die dann als Bitgruppe codiert werden. PCM ist im Wesen also eine Analog-Digital-Umwandlung. Die Bitgruppen werden dann in binärer Form auf der Digitalleitung übertragen. Digital anfallende Signale können direkt ohne Modulation übertragen werden.

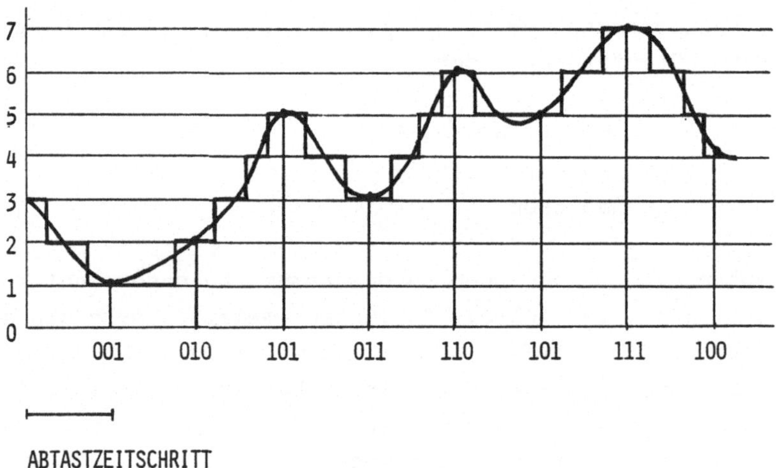

Fig. 2.12 Puls Code Modulation

Es ist zu bemerken, daß der Begriff "Modulation" in diesem Sinne nicht mit dem vorher verwendeten Modulationsbegriff übereinstimmt. Es tritt bei PCM keine Modulation im Sinne der Trägermodulation auf, sondern eine digitale Modulation.

2.1.6 Neue Übertragungstechnologien

a) Satellitenübertragung

Für sehr große Strecken, insbesondere transkontinentale Entfernungen, erweist sich die Übertragung mittels Satelliten als besonders bedeutsam vor allem aufgrund der wesentlich höheren Übertragungskapazität. Moderne Satelliten mit verbesserter Technologie machen diese Art der Übertragung schon bei Entfernungen von einigen hundert Kilometern rentabel.

Die Signale werden mit hoher Trägerfrequenz (12 - 14 GHz) zum Satelliten gesendet und von dort in das Zielgebiet nach dem Broadcast-Prinzip zurückgesendet, d. h. jeder Empfänger im Zielgebiet kann die Signale empfangen, mittels Adressierung wählt jede Station ihre Nachrichten aus. Dies entspricht dem Prinzip der Mehrpunktverbindung (siehe Kap. 2.2.2 und Kap. 4.5).

Nachteil der Satellitenübertragung ist lediglich die relativ lange Verzögerung der Signale vom Sender bis zum Empfänger (ca. 270 msec). Dies erhöht zwar nur unwesentlich die Antwortzeiten, erfordert jedoch verbesserte Mechanismen zur Fehlerkorrektur, da Fehlererkennung und Wiederholung der fehlerhaften Nachricht die gesamte Übertragung erheblich verzögern kann.

b) Optische Glasfaserleitungen

Das Prinzip der Lichtleiter beruht auf der Übertragung von Lichtsignalen auf Glasfasern. Als Lichtquelle dient ein Laser, die Information wird dem Licht als Trägerwelle aufgeprägt. Übertragungsmedium ist eine dünne Glasfaser (ca. 0,1 mm Durchmesser). Die Codierung der Daten findet auf ähnliche Weise statt wie auf herkömmlichen Leitungen. Es werden Methoden der Trägermodulation verwendet oder auch digitale Übertragungstechniken. Die Dämpfung der Signale kann heute schon bis auf 0,2 dB/km gedrückt werden, was bedeutet, daß Regeneratoren nur mehr alle 15-30 km errichtet werden müssen.

Der besondere Vorteil der optischen Lichtleiter liegt in der besonders hohen Übertragungskapazität. Da die Trägerfrequenz der Laserstrahlen schon im Bereich von Terahertz (10^{12}-10^{14} Hz) liegt, können auf einer 0,1 mm dünnen Glasfaser Daten bis zu 1 Gbit/sec (= 10^9 bit/sec) übertragen werden. Mit dieser gigantischen Kapazität werden der Kommunikation, nicht nur zwischen Computern, sondern auch im Bereich Telefon und Fernsehen völlig neue Dimensionen eröffnet.

Die Deutsche Bundespost errichtete bereits 1978 in Berlin eine 4,3 km lange Versuchsstrecke. Bei Frankfurt/Main wurde eine 15 km Lichtleitstrecke in das Telefonnetz integriert. Es zeigt sich ganz deutlich, wie auch bei vielen anderen Versuchen in Europa und den USA, daß Lichtleiter das Übertragungsmedium der Zukunft darstellen werden.

Literatur zu Kap. 2.1 ist in folgenden Büchern zu finden: /Davi 73/, /Doll 78/, /Mart 69/, /Mart 72a/, /Mart 72b/, /Mart 77/, /Oett 74/, /Unge 76/; außerdem in /Boyl 80/ über optische Datenübertragung.

2.2 Systemübersicht

2.2.1 Betriebsarten

Über die Technik der Übertragung von Bits hinaus unterscheidet man mehrere Betriebsarten bei der Datenübertragung. Diese werden nach verschiedenen Gesichtspunkten klassifiziert.

a) Übertragungsrichtung

Man unterscheidet drei Betriebsarten:
- Übertragung nur in einer Richtung möglich.
- Übertragung in beiden Richtungen gleichzeitig möglich.
- Übertragung in beiden Richtungen, aber nicht gleichzeitig, möglich.

Die folgende Tabelle zeigt verschiedene Standardbezeichnungen für die einzelnen Betriebsarten in bezug auf die Übertragungsrichtung:

	deutsch	englisch	ANSI	CCITT
nur eine Richtung	2-Draht (simplex)	simplex	one way only	------
beide Richtungen gleichzeitig	4-Draht (voll-duplex)	(full) duplex	two way simul-taneously	duplex
beide Richtungen nur abwechselnd	2-Draht (halb-duplex)	half duplex	two way alternating	simplex

ANSI ... American National Standard Institute
CCITT ... Comité Consultatif International des Télégraphique et Téléphonique

Beispiel: Schall wird von der Luft vollduplex übertragen.
Wasser fließt durch ein Rohr halbduplex.

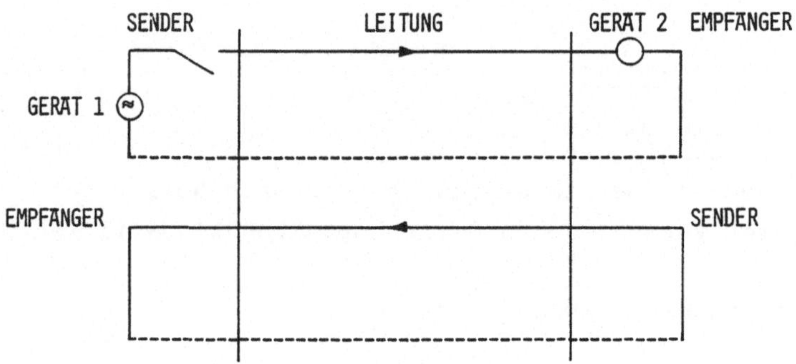

Fig. 2.13 4-Draht (duplex)-Betrieb

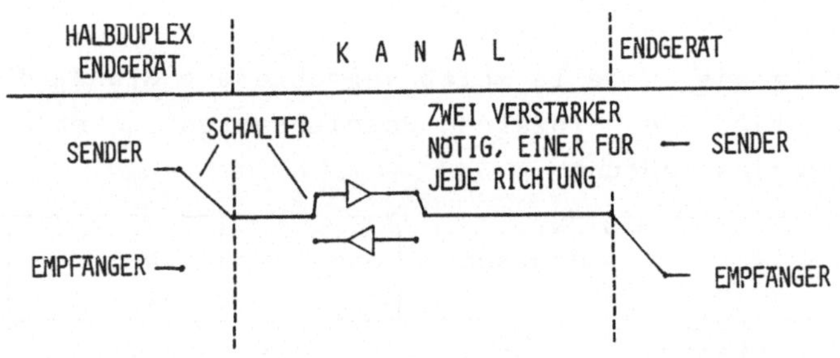

Fig. 2.14 2-Draht (halbduplex)-Betrieb

Das Umschalten im Halbduplexbetrieb stellt einen erheblichen Verzögerungsfaktor dar.

Oft ist im Endgerät der Sendeteil mit dem Empfangsteil verbunden (Mitschreiben beim Senden). Dies ist eine Halbduplexanordnung im Endgerät, welche eine Vollduplexleitung nur im Halbduplexbetrieb auszunutzen erlaubt.

b) Serielle oder Parallele Übertragung

Parallele Übertragung bedeutet, daß alle Bits eines Zeichens (z. B. acht) gleichzeitig, also parallel übertragen werden. Dazu sind freilich acht Übertragungskanäle erforderlich, d.h. entweder acht Leitungen oder acht Kanäle auf einer Leitung durch Frequenzmultiplexen (siehe Kap. 4.1).

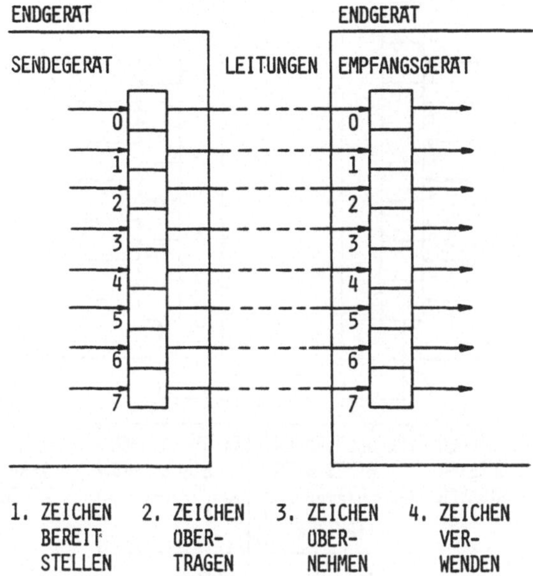

Fig. 2.15 Parallele Übertragung von 8 Bits eines Zeichens auf 8 Leitungen

Weitaus häufiger ist die serielle Übertragung, wo die Bits eines Zeichens hintereinander über eine Leitung geschickt werden. Dabei wird das zu übertragende Zeichen in einem Senderegister bereitgestellt, Bit für Bit mit Hilfe eines Taktsignals gesendet und entsprechend auch am anderen Ende empfangen (siehe Fig. 2.16).

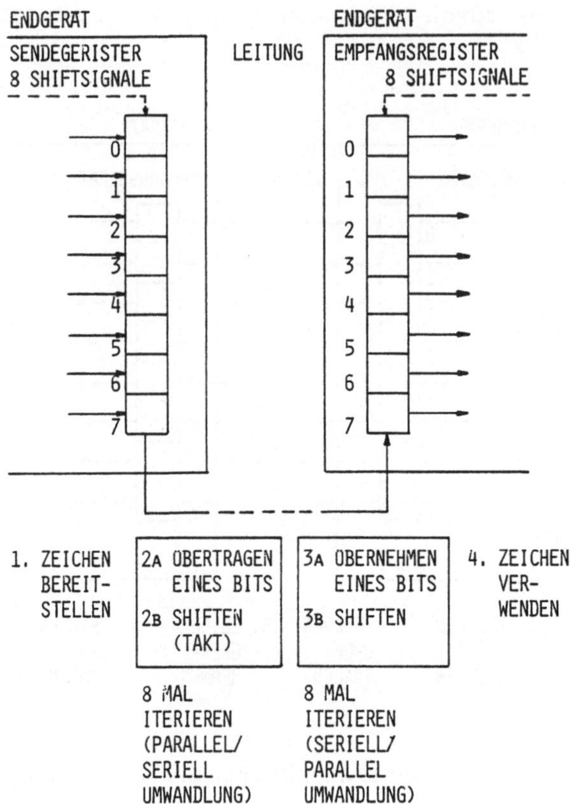

Fig. 2.16 Serielle Übertragung von 8 bit eines Zeichens

c) Synchron/Asynchron-Betrieb

Man spricht von synchroner Übertragung, wenn sowohl

- der Anfang einer Nachricht als auch
- der Zeitpunkt des Bitwechsels

durch ein regelmäßiges Taktsignal festgelegt werden können.

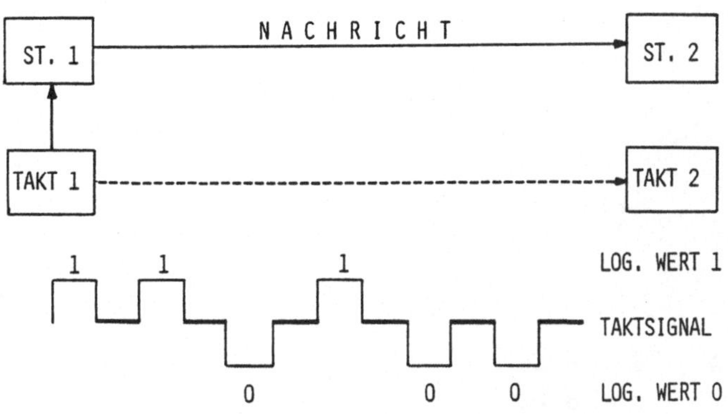

Fig. 2.17 Synchrone Übertragung

Ist ein solches Taktsignal nicht vorhanden, so wird die Übertragung als "asynchron" bezeichnet. In diesem Fall wird jedes einzelne Zeichen als separate Nachricht aufgefaßt, während bei synchroner Übertragung mehrere Zeichen pro Nachricht möglich sind. Um den Beginn einer Nachricht zu kennzeichnen, ist ein Startsignal notwendig. Das Ende wird oft auch durch ein Stopsignal angezeigt. Bei asynchroner Übertragung von Zeichen in einem 5-bit Code mit 1 Start- und 2 Stopbits entsteht ein Verlust von 3/8.

Bei synchroner Übertragung einer Nachricht wird als Startsignal ein Synchronzeichen verwendet (z.B. 01111110). Bei einer Nachricht von 1000 Zeichen beträgt der Verlust dann nur 1/1000.

2.2.2 Verbindungsarten

a) Punkt-zu-Punkt

Zwei Übertragungsstationen sind fix miteinander verbunden. Daten können dabei ausschließlich zwischen diesen beiden ausgetauscht werden.

Jede der beiden Stationen kann eine aktive Rolle spielen (d.h. sie kann eine Übertragung beginnen) oder eine passive (d.h. sie kann höchstens von einer aktiven Station zur Übertragung aufgefordert werden).

Fig. 2.18 Punkt-zu-Punkt-Verbindung

S1	S2	
A	P	o.k.
P	A	o.k.
P	P	sinnlos
A	A	Problem, wenn beide gleichzeitig eine Übertragung beginnen wollen.

Lösung bei Kollision, wenn beide Stationen eine aktive Rolle spielen:
Entweder

- es werden Prioritäten fix verteilt. Die Station höherer Priorität kann jederzeit aktiv werden (sie heißt dann Primärstation), die andere muß im Falle einer Kollision die aktive Rolle aufgeben und wird passiv (Sekundärstation, Tributary Station),

oder

- keine fixe Priorität ist vorgegeben, aber im Falle eines Konflikts wartet dann etwa S1 1 Sek., S2 3 Sek., bevor die Sendung wiederholt wird. Die zuerst erfolgreiche Station ist dann Primärstation.

b) Mehrpunktverbindung (multipoint)
Bei Mehrpunktverbindungen werden mehrere Stationen an eine Leitung angeschlossen. Sämtliche Daten werden dabei über dieselbe Leitung gesendet und können von allen Stationen empfangen werden. Um unauflösbare Konflikte zu vermeiden, gibt es nur eine Primärstation, die von sich aus aktiv werden kann. Alle anderen Stationen sind Sekundärstationen. Es ist daher auch nur eine Kommunikation zwischen der Primär- und einer oder mehreren Sekundärstationen möglich.

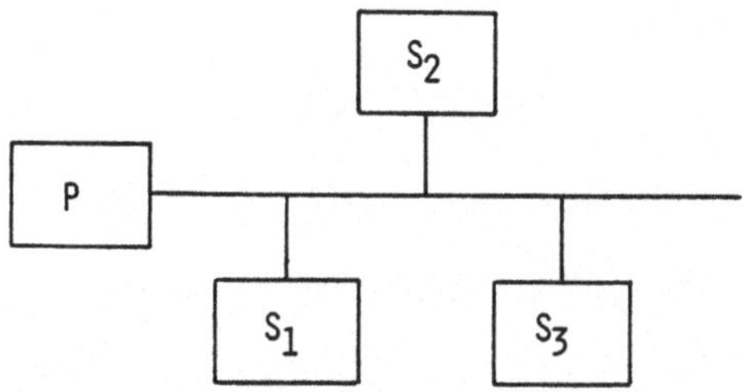

P ... Primärstation
S ... Sekundärstation oder Tributaries

Fig. 2.19 Mehrpunktverbindung

Die Primärstation kann die Initiative auf zwei Arten ergreifen:

- Polling: Anfrage an eine S_i, ob sie etwas zu senden hat. Wenn ja, beginnt S_i mit der Übertragung, sonst Abfrage an S_j, $i \neq j$ usw.

- Selection: P möchte senden und fordert eine oder mehrere (ggf. auch alle) S_i zum Empfang auf.

Angewendet wird die Mehrpunktverbindung, wenn mehrere Datenstationen an einen Zentralrechner angeschlossen werden sollen, um Leitungskosten zu sparen, soferne dies durch die geographische Anordnung der Geräte zweckmäßig ist.

c) Geschaltete Punkt-zu-Punkt-Verbindung
Zwei Stationen sind nicht fix miteinander verbunden, sondern die Verbindung wird durch eine Vermittlung hergestellt (vgl. Telefon).

Nach der Durchschaltung besteht kein Unterschied mehr zu einer normalen Punkt-zu-Punkt-Verbindung. S_i muß S_j nur einmal anwählen; nachher ist keine Adressierung mehr notwendig. Die Regeln für aktive und passive Rolle gelten analog.

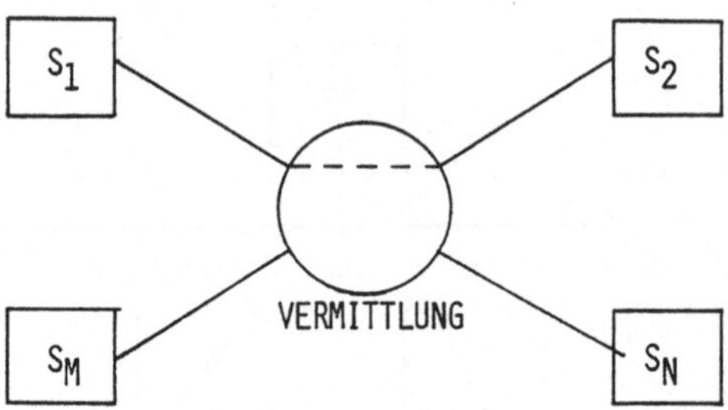

Fig. 2.20 Geschaltete Punkt-zu-Punkt-Verbindung

Nach Durchschaltung besteht kein Unterschied mehr zu einer normalen Punkt-zu-Punkt-Verbindung, S1 muß nur einmal anwählen, nachher nicht mehr adressieren.

2.2.3 Systemschema

Figur 2.21 zeigt das Grundschema eines Datenübertragungssystems. Der Datenverarbeitungsanlage (DVA) wird eine Datenübertragungseinheit (DUET) vorgeschaltet, die oft auch als separater Datenübertragungsvorrechner (Front End Processor) realisiert ist. Zwischen der DVA und dem FEP besteht eine Kanalkopplung, wie sie in Fig. 2.22 angedeutet ist.

Für den Anschluß der Datenübertragungseinrichtung (DÜE) gibt es international genormte Schnittstellen. Für den Anschluß an ein analoges Leitungsnetz (z. B. Telefon), wie es heute noch meistens der Fall ist, ist ein Modem mit Schnittstelle V.24 erforderlich; bei den neuen digitalen Datennetzen ist die Schnittstelle unter den Namen X.20 und X.21 normiert.

Die Schnittstelle legt die genauen elektrischen Eigenschaften fest, die die Verbindung zwischen DEE und DÜE erfüllen muß, damit die übertragenen Signale korrekt empfangen und interpretiert werden können.

Der Übertragungsweg ist häufig das herkömmliche Fernsprechwählnetz, es können aber auch Standleitungen von der Post gemietet werden. Neuerdings gibt es in der Bundesrepublik die

Datexnetze, in denen eine digitale Übertragungstechnik verwendet wird. Die Datenendeinrichtung (DEE) am anderen Ende ist meist ein Terminal oder eine Datenstation, kann aber ebenfalls eine Datenverarbeitungsanlage sein.

DEE ... Datenendeinrichtung, z. B. Terminal, Lochkartenleser
DÜE ... Datenübertragungseinrichtung, z. B. Modem
DUET ... Datenübertragungseinheit
DVA ... Datenverarbeitungsanlage (Computer)

Fig. 2.21 Grundschema einer Datenfernverarbeitung

Fig. 2.22 zeigt das Schema in detaillierter Form.

Die Datenendeinrichtung (DEE) einer Datenstation besteht im allgemeinen aus folgenden Komponenten:

- Ein- und/oder Ausgabegerät
- Betriebssteuerung eventuell mit Puffern
- Datenübertragungssteuerung (DUST)

Die Betriebssteuerung kann verschiedenste Grade der Komplexität haben, von einfachen ungepufferten Teletypes (Fernschreiber) bis zur Steuerung "intelligenter" Terminals. In der Datenübertragungssteuerung müssen die Daten an eine normierte Schnittstelle angepaßt werden, um von der DÜE übernommen werden zu können.

Während das Terminal meist im Besitz des Benutzers steht, ist die DÜE zumeist ein Gerät der Post, die zumindest in Europa jede Übertragung über Fernleitungen kontrolliert.

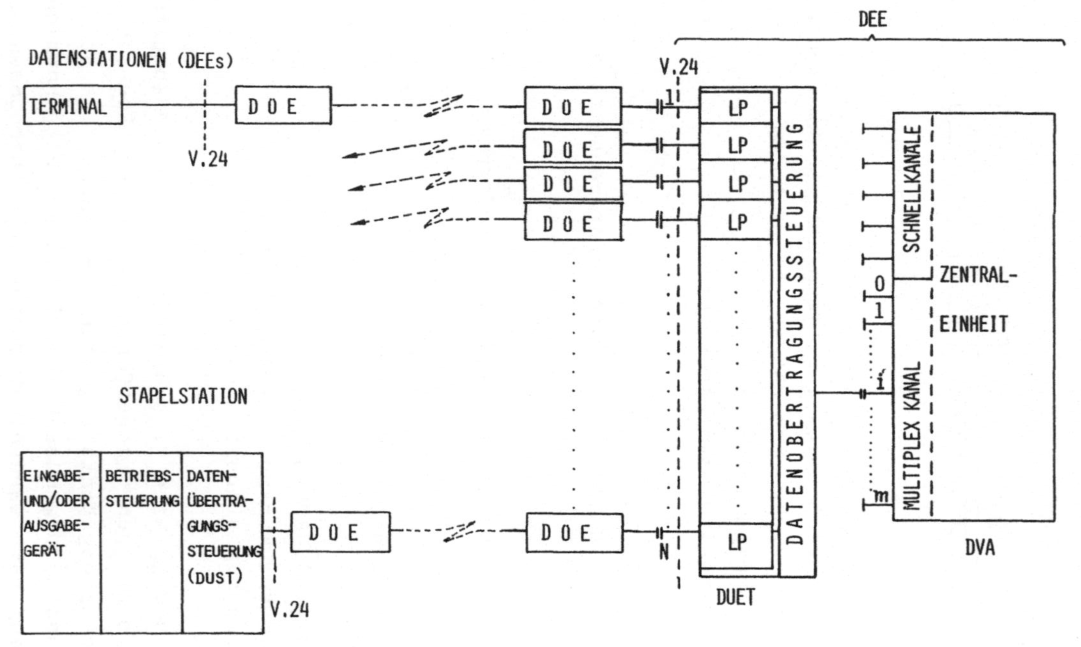

LP ... Leitungspuffer

Fig. 2.22 Anschluß mehrerer Datenstationen an eine DVA

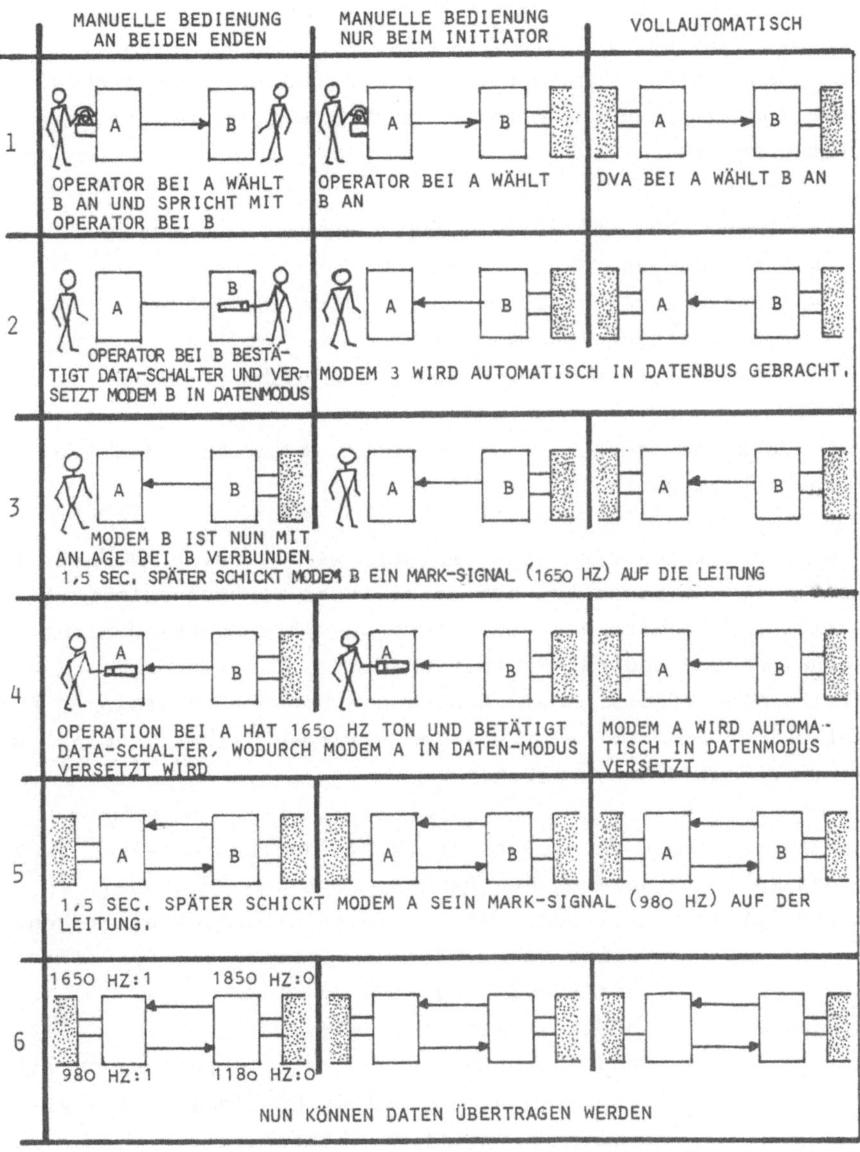

Fig. 2.23 Verbindungsaufbauprotokoll manuell und automatisch

Die Datenübertragungseinheit am Rechnerende (DUET) ist im Prinzip ein der DEE ähnliches Gerät. An Stelle des Ein/Ausgabegerätes in Form einer Terminaltastatur, eines Bildschirmes, Druckers etc. steht eine Kanalverbindung zur DVA.

Die Schnittstelle zwischen DEE und DÜE ist durch CCITT zum Anschluß von Benutzergeräten an posteigene oder private Modems normiert.

Die DÜE hat zwei wesentliche Funktionen:

- Verbindungsauf- und -abbau
- Anpassung der Daten an das Übertragungsmedium
  Modulation/Demodulation
  Daten übernehmen und abgeben an DEE

Die Funktion des Verbindungsaufbaues ist in Fig. 2.23 anschaulich dargestellt.

Die Vorschriften für einen Ablauf, wie er hier dargestellt wird, die das Verhalten der beteiligten Partner selbst (hier: Terminal, Vermittlung, Computer) und die Reaktionen auf das Verhalten der anderen Partner bestimmen, nennt man "Protokoll". Hier wird also ein Protokoll für den Verbindungsaufbau auf einer 200 bit/sec Leitung zwischen einem Terminal und einem Computer beschrieben.

Datenübertragung mit 200 bit/s (V.24-Schnittstelle)

T(erminal):	Abheben des Handapparats des Telefons.
V(ermittlung):	Aktivieren der Wähleinrichtung, Freizeichen.
T:	Wählen der Nummer des Rechners.
V:	Verbindung herstellen.
C(omputer):	Rufsignal wird erkannt; Wenn die Datenübertragungseinrichtung bereit ist, dann wird ein 1650 Hz-"Träger"-Ton gesendet; C bereit zur Übertragung.
V:	1650 Hz-Ton wird übertragen.
T:	1650 Hz-Ton ist im Hörer zu hören; umschalten auf Datenübertragung; 1650 Hz-Ton wird erkannt; Senden eines 980 Hz-Tones.
C:	980 Hz-Ton wird erkannt.

Der Datenaustausch kann beginnen:

T: sendet 980 Hz = logisch 1 und 1180 Hz = logisch 0 (Kanal 1).

C: sendet 1650 Hz = logisch 1 und 1850 Hz = logisch 0 (Kanal 2) (CCITT-Empfehlung).

Ende des Datenaustausches:

C: unterdrückt den 1650 Hz-Ton.

T: erkennt, daß der "Träger"-Ton (1650 Hz) fehlt;
Ende der Übertragung;
Warnsignal wird eingeschaltet;
Umschalten auf Telefonbetrieb;
T nicht mehr bereit, Daten zu übertragen;
Handapparat wird aufgelegt.

V: Verbindung bricht zusammen.

C: C stellt fest, daß kein Ton mehr übertragen wird; nach kurzer Verzögerung (400 ms) wird auf Empfangsbereitschaft umgeschaltet; C ist bereit, den nächsten Anruf entgegenzunehmen.

Wenn dieser Vorgang automatisch gesteuert wird (ohne händisches Wählen und Umschalten von Telefon zur Datenübertragung), so findet diese Steuerung im Steuerteil der DEE statt. Über die Schnittstelle V.24 werden diese Steuersignale an das Modem weitergegeben.

Das Modem (Modulator-Demodulator) führt die Anpassung an die Leitung durch (Modulation) und überträgt die Signale. Am anderen Ende werden die Signale vom Modem demoduliert und an die dortige DUET übergeben.

2.2.4 Geräte

a) Verschiedene Arten von Datenendeinrichtungen (DEEs) sind:

- Großrechenanlagen
- Datenstationen mit Lochkarteneingabe und Druckausgabe

- Magnetbandstationen (normale Band- und Kassettengeräte)
- Dialoggeräte:
  Fernschreiber (TTY) ungepuffert, nur asynchrone Übertragung
  Schreibstationen mit blockweiser Datenspeicherung
  Bildschirmgeräte (synchron oder asynchron, gepuffert)
  Geräte mit akustischer Ausgabe

b) Unter den Modems unterscheidet man solche

- mit Verbindungsaufbau (Wählen) (händisch oder automatisch)
- ohne Verbindungsaufbau (Standleitungen)
- ohne Modulation (Gleichstrom); diese DÜEs sind eigentlich keine Modulatoren, werden aber trotzdem oft Modem genannt.
- mit einer der in Kap. 2.1.2 beschriebenen Modulierungsarten

In der technischen Ausführung von Modems gibt es Unterschiede bezüglich:

- Geschwindigkeiten
- serielle/parallele Übertragung (meist seriell)
- synchrone/asynchrone Übertragung
- Anordnung von Leitungen in Gruppen und Art der Geschwindigkeitsumschaltung
- vollduplex/halbduplex-Betrieb

c) Leitungsarten:

Die heute in Europa verwendeten Typen sind

- Telex 50 bit/sec
- Datex mit elektronischer Vermittlung
  100 bit/sec - 9600 bit/sec
  in verschiedenen Stufen

- Fernsprechkanal 2400, 4800, 9600 bit/sec
  Breitbandkanäle 48000 bit/sec - 1,2 M bit/sec
- DATEX-P mit Paketvermittlung

Bei allen Typen unterscheidet man grundsätzlich zwischen

- Wählleitungen (dial line)
- Standleitungen (überlassene Stromwege, leased line)

Die Kosten der Leitung hängen von der Zeit, der Entfernung und den Grundgebühren für den gewählten Typ ab.

Eine ausführlichere Behandlung der Punkte b) und c) ist im Kap. 4.2 sowie 4.3 zu finden.

d) Güte der Übertragung:

Die durchschnittliche Fehlerwahrscheinlichkeit auf verschiedenen Übertragungskanälen läßt sich aus Fig. 2.24 ablesen.

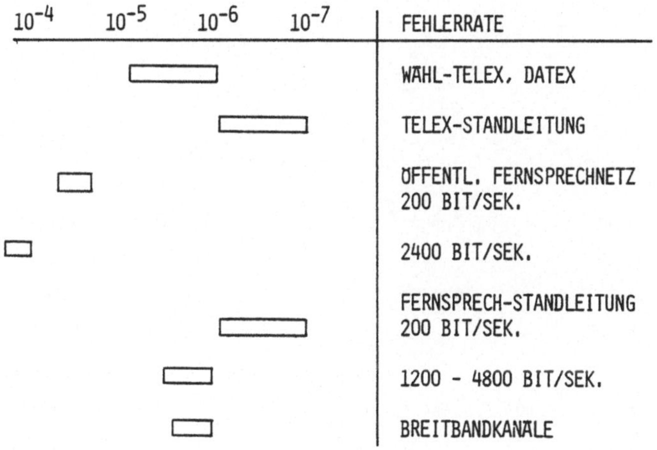

Fig. 2.24 Fehlerwahrscheinlichkeit auf Übertragungskanälen

Es zeigt sich also, daß Standleitungen bezüglich der Fehlerrate um einen Faktor $10^2 - 10^3$ besser sind als Wählleitungen, und Fernsprechwählleitungen besonders stark gestört sind.

Literatur zu Kap. 2.2 ist in folgenden Büchern zu finden: /Davi 73/, /Doll 78/, /Krau 72, /Mart 69/, /Mart 72a/, /Mart 72b/, /Mart 77/, /Oett 74/.

3. Steuerung auf Einzelleitung

3.1 Kommunikationsprotokolle

3.1.1 Modelle einfacher Systeme

Um zwischen zwei Stationen Daten austauschen zu können, bedarf es eines Protokolls, das den Datenaustausch steuert. Dies wurde schon im vorigen Abschnitt angedeutet. In diesem Kapitel sollen einfache Protokolle vorgestellt und gleichzeitig die üblich gewordenen Mittel für ihre Beschreibung eingeführt werden.

Der korrekte Ablauf des Protokolls wird mittels Steuerinformationen gewährleistet, die von den eigentlichen Daten unterschieden werden müssen. Da Steuerzeichen und Daten auf derselben Leitung übertragen werden, ist ihre Unterscheidung im Code notwendig.

Bevor näher auf die Steuercodes selbst eingegangen wird, sollen einige Modelle für einfache Kommunikationsprotokolle dargestellt werden. Dabei soll zwischen den in Kap. 2.2.2 behandelten Verbindungsarten

- Punkt-zu-Punkt-
- Mehrpunkt-
- Geschaltete Punkt-zu-Punkt-

} Verbindung

unterschieden werden.

Der einfachste Fall ist sicher der erste. Ein einfaches Protokoll könnte etwa den in Fig. 3.1 beschriebenen Ablauf haben. Die hierbei verwendete Darstellungsart nennt man ein Ort-Zeit-Diagramm (Orte horizontal getrennt, Zeitachse vertikal abwärts).

In allen Protokollen werden drei Phasen unterschieden:

Eröffnung: Die Station, die zu senden wünscht (hier St. 1), beginnt mit der Anfrage, ob die andere Station (St. 2) empfangsbereit ist (enq = enquiry). St. 2 antwortet entweder positiv (ack = acknowledge) oder negativ (nak = not acknowledge). Falls beide Stationen gleichzeitig eröffnen, so wird "enq" nicht empfangen. Setzt man fest, daß eine Station, z. B. St. 1, nach kürzerer Zeit ihre Sendung wiederholt als die andere (z. B. St. 2), so kommt es zu keinem neuerlichen Zusammenstoß.

Nachrichtenübermittlung: St. 1 sendet die Daten über die Leitung an St. 2 (message). St. 2 antwortet wieder mit ack oder nak, je nachdem, ob die Daten korrekt empfangen wurden oder nicht. Im Falle von nak können die Daten wiederholt werden. Im Falle von ack leitet St. 1 die

Beendigung ein: Ein Ende-Zeichen (eot = end of transmission) deutet der St. 2 das Ende der Übertragung an.

In Anklang an die Telefonie nennt man den Vorgang von der Eröffnung an bis zur Beendigung ein "Gespräch" (englisch "session").

Da Übertragungsfehler auch bei Steuerzeichen vorkommen können, muß das Protokoll auch für diesen Fall Maßnahmen vorsehen. Dies ist in Fig. 3.1 jeweils durch "invalid or no reply" angedeutet, wobei "no reply" bedeutet, daß innerhalb eines festgesetzten Zeitraumes (time out) überhaupt keine Antwort empfangen wird.

Bei einer Mehrpunktverbindung könnte der Konflikt gleichzeitig versuchter Eröffnung sehr häufig auftreten und bedarf anderer Lösungen als vorher gezeigt.

Es sind daher die vielen Stationen nicht gleichwertig, sondern es wird zwischen der Primär- und den Sekundärstationen unterschieden. Nur die Primärstation darf Gespräche eröffnen (vgl. Fig. 2.19).

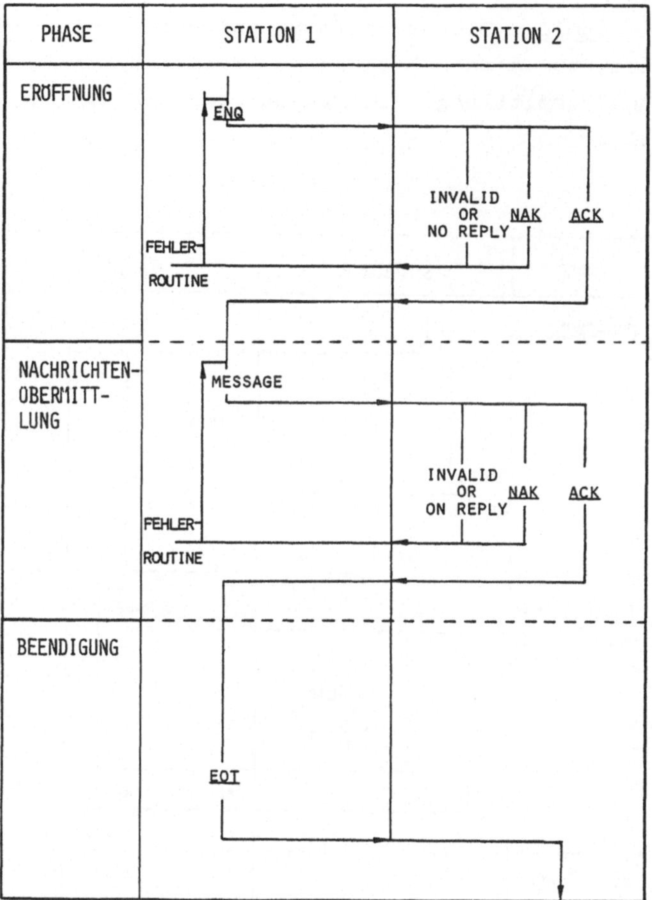

Fig. 3.1 Einfaches Kommunikationsprotokoll für Punkt-zu-Punkt-Verbindung

Will die Primärstation (P) an eine der Sekundärstationen (S_i) senden, so muß in der Abfrage zu Beginn auch die gewünschte Adresse S_i ausgewählt werden. Die Steuerinformation heißt daher "Selection sentence" (sel). Nach dem Senden von sel an Stelle von enq ist der Ablauf völlig mit dem der Punkt-zu-Punkt-Verbindung (Fig. 3.1) identisch.

Da Sekundärstationen nicht von sich aus die Initiative ergreifen können, muß auch bei umgekehrter Senderichtung die Primärstation (P) zuerst abfragen, ob eine der Sekundärstationen (S_i) etwas zu senden hat. Diese Abfrage heißt "Polling" (poll). Die befragte S_i antwortet mit eot, falls sie nichts zu senden hat; sonst beginnt sie sofort mit der Nachrichtenübermittlung. Der genaue Vorgang wird in Fig. 3.2 dargestellt.

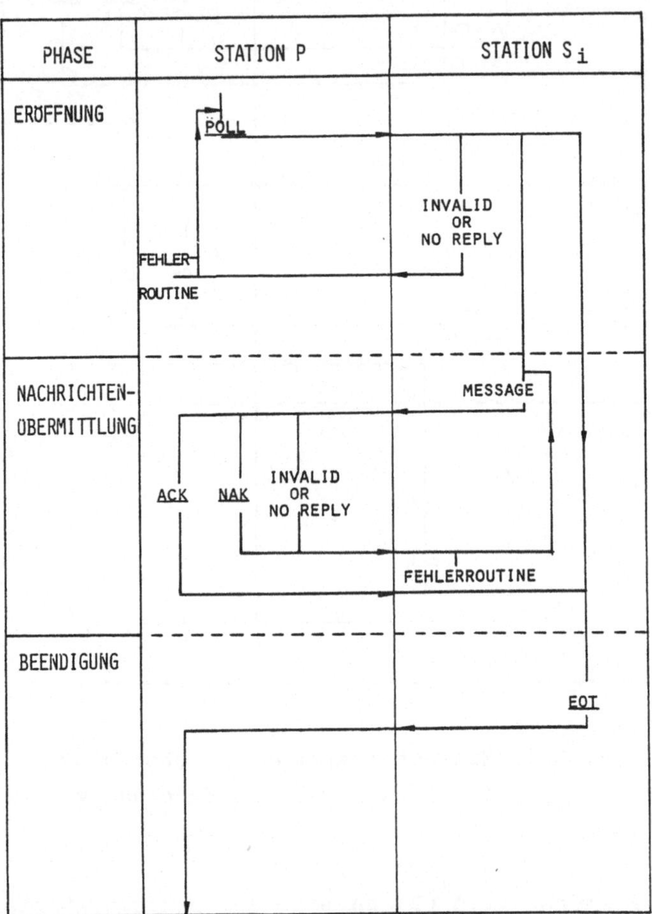

Fig. 3.2 Einfaches Kommunikationsprotokoll für Mehrpunktverbindung

Bei geschalteten Punkt-zu-Punkt-Verbindungen kommen noch als zusätzliche Phasen der Verbindungsaufbau (Connection), etwa durch einen Wähl- oder anderen Schaltvorgang, und der Verbindungsabbau (Disconnection) hinzu. Nach dem Aufbau ist die Vorgangsweise fast identisch mit jener bei festen Punkt-zu-Punkt-Verbindungen. Das Protokoll ist in Fig. 3.3 graphisch beschrieben.

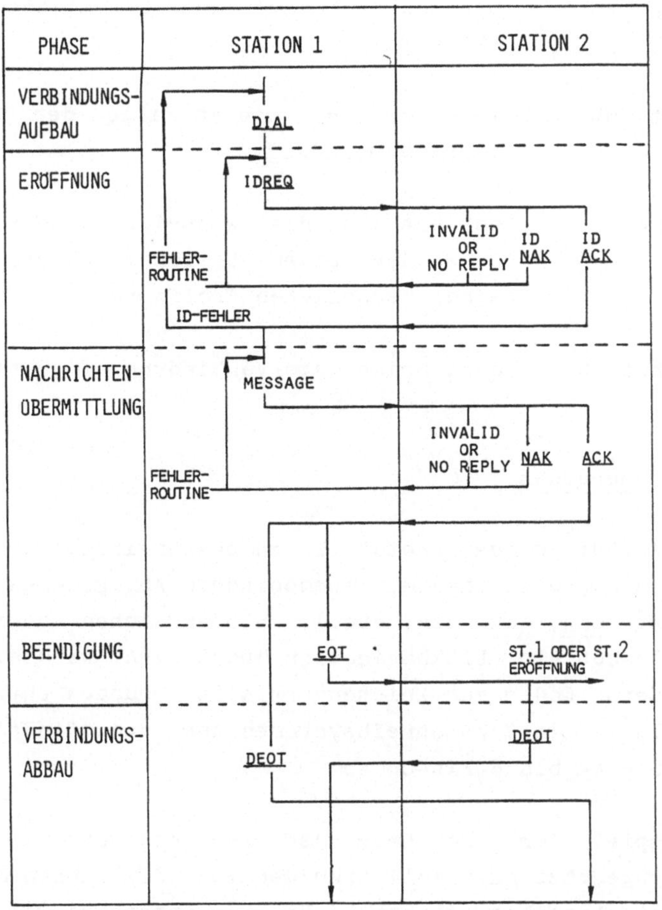

Fig. 3.3 Einfaches Kommunikationsprotokoll für geschaltete Punkt-zu-Punkt-Verbindung

Verbindungsaufbau: Die Station, die zu senden wünscht (St.1), leitet den Verbindungsaufbau etwa durch einen Wählvorgang (dial) ein.

Eröffnung: Über die aufgebaute Verbindung frägt St. 1 die Identität und die Empfangsbereitschaft des Partners (St. 2) ab (id req); es kann beim Verbindungsaufbau auch zu Fehlern kommen (vgl. "falsch verbunden" beim Telefon). St. 2 antwortet mit id ack oder id nak und gibt damit auch die eigene Identität wieder.

Nachrichtenübermittlung erfolgt wie im Falle der Punkt-zu-Punkt-Verbindung.

Beendigung: eot beendet die Nachrichtenübermittlung. Jede der beiden Stationen könnte nun mit einer neuerlichen Eröffnung fortsetzen.

Verbindungsabbau: deot bricht die Verbindung endgültig ab.

3.1.2 Steuercodes

Um den Ablauf eines Protokolls zu beschreiben, wurden eine Reihe von Steuerzeichen mit mnemonischen Abkürzungen verwendet (z. B. enq, ack, nak, etc.). Steuerzeichen sowie Daten müssen jedoch als Bitkombination übertragen werden. Viele verschiedene Codes zur Zeichendarstellung wurden entwickelt, die teilweise in Fernschreibsystemen Anwendung finden. Dabei gibt es 5-Bit- bis 8-Bit-Codes.

Als Beispiel für einen Code, der sich international weitgehend durchgesetzt hat, soll hier der von CCITT genormte Code IA5 (Internationales Alphabet Nr. 5) angegeben werden. IA5 ist ein 7-Bit-Code und besteht daher aus 128 Zeichen, die in Fig. 3.4 zusammengefaßt sind. Er ist fast identisch mit dem ASCII-Code (American Standard Code for Information Interchange). Einige der Sonderzeichen sind für den nationalen Gebrauch vorgesehen und können vom CCITT-Vorschlag abweichen. Die vom DIN für den deutschen Sprachraum abweichend normierten Zeichen sind jeweils in Klammern angegeben.

$b_5b_6b_7$ / $b_1b_2b_3b_4$	000	001	010	011	100	101	110	111
0000	NUL	DLE	SP	0	@(§)	P	`	p
0001	SOH	DC_1	!	1	A	Q	a	q
0010	STX	DC_2	"	2	B	R	b	r
0011	ETX	DC_3	#(£)	3	C	S	c	s
0100	EOT	DC_4	¤($)	4	D	T	d	t
0101	ENQ	NAK	%	5	E	U	e	u
0110	ACK	SYN	&	6	F	V	f	v
0111	BEL	ETB	'	7	G	W	g	w
1000	BS	CAN	(	8	H	X	h	x
1001	HT	EM	)	9	I	Y	i	y
1010	LF	SUB	*	:	J	Z	j	z
1011	VT	ESC	+	;	K	[(Ä)	k	{(ä)
1100	FF	FS	,	<	L	\(Ö)	l	|(ö)
1101	CR	GS	-	=	M	](Ü)	m	}(ü)
1110	SO	RS	.	>	N	^	n	~(ß)
1111	SI	US	/	?	O	_	o	DEL

Fig. 3.4 IA5 (mit DIN-Abweichung)

Von den 128 Zeichen sind 32 Steuerzeichen, 10 davon für Datenkommunikation. Nur diese zehn werden hier einzeln beschrieben. Eine genaue Behandlung der übrigen Steuerzeichen ist in /DBP 77/ zu finden.

SOH : Start of Heading
Beginn einer Zeichenfolge, die Adresse, Identifikation und ähnliche Informationen enthält.

STX : Start of Text
Beginn einer Nachricht.

ETB : End of Transmission Block
Beendet einen Übertragungsblock, der nicht das Ende der ganzen Nachricht ist.

ETX : End of Text
Ende einer Nachricht, die mit STX begonnen wurde.

EOT : End of Transmission
Ende der Datenübertragung

ENQ : Enquiry
Anfrage an entfernte Station, z. B. auf Identifikation oder Empfangsbereitschaft.

ACK : Acknowledgement
Positive Bestätigung

NAK : Negative Acknowledgement
Negative Bestätigung

SYN : Synchronous Idle
Synchronisationszeichen, das am Beginn jeder Datenübertragung und während Sendepausen übertragen wird (vgl. Kap. 2.2.1): Synchron/Asynchron Betrieb).

DLE : Data Link Escape
Umschaltung, die die Bedeutung des unmittelbar folgenden Zeichens verändert. Damit kann der Vorrat an Steuerzeichen durch Codepaare von der Form (DLE,xxx) erweitert werden.

Die wichtigsten Erweiterungen durch solche Codepaare sind:

DEOT = DLE EOT : Mandatory disconnect
Verbindungsabbruch bei geschalteten Verbindungen

ACK0 = DLE 0 :
ACK1 = DL2 1 :
Alternating Acknowledgements
Das Abwechseln von ACK0 und ACK1 läßt den Verlust oder die Duplizierung eines Nachrichtenblocks erkennen.

WABT = DLE ; : Wait before Transmission
Die empfangende Station gibt damit an, temporär nicht empfangen zu können.

RVI = DLE < : Reverse Interrupt
Die empfangende Station fordert eine Unterbrechung, um selbst senden zu können.

Mit Hilfe dieser Steuerzeichen kann nun ein Protokoll definiert werden, mittels dessen Daten von einer Station zu einer anderen übertragen werden. Eines der am weitesten verbreiteten Protokolle ist IBM´s Binary Synchronous Communication (BSC), das in groben Zügen dem in 3.1.1 beschriebenen entspricht.

Die Daten können alle Zeichen mit Ausnahme der für das Protokoll notwendigen Steuerzeichen enthalten. Bei Binärdateien oder von Analog/Digitalumsetzern automatisch codierten Daten können jedoch auch Bitkombinationen auftreten, die mit einem Steuerzeichen identisch sind. Man wünscht daher, alle 7-Bit-Folgen unabhängig von ihrer Bedeutung (transparent) übertragen zu können. Um die vorige Beschränkung zu umgehen, werden zusätzliche Steuerzeichen, die alle mit DLE beginnen, eingeführt, mittels derer der eigentliche, transparent zu haltende Textteil von der übrigen Zeichenfolge unterschieden wird. Es sind dies:

DLE STX: Start of Transparent Text
Die folgenden Zeichen sind ausschließlich Daten, auch wenn in ihnen Steuerzeichen vorkommen. (Transparente Daten).

DLE ETB: End of Transparent Transmission Block
Dies beendet einen transparenten Datenblock. Nachfolgende Steuerzeichen werden wieder als solche interpretiert.

DLE ETX: End of Transparent Text
Ende einer transparenten Nachricht. Nachfolgende Steuerzeichen werden wieder als solche interpretiert.

DLE SYN: Transparent Synchronous Idle
Synchronzeichen innerhalb eines transparenten Textes.

Bleibt als Problem nur mehr, ein in den transparenten Daten auftretendes DLE von einem als Steuerzeichen auftretenden DLE zu unterscheiden. Dies wird dadurch erreicht, daß ein in den Daten auftretendes DLE vom Sender verdoppelt wird. Der Empfänger interpretiert dann die Folge DLE DLE als einzelnes DLE in den Daten (vgl. Auftreten eines Hochkommas (´) in einem Pascal-String). Diese Methode nennt man Character-Stuffing.

Übertragungsfehler, auch auf sehr sicheren Leitungen (vgl. Fig. 2.24), treten immer noch zu häufig auf, um sie völlig ignorieren zu können. Um solche Übertragungsfehler zu erkennen, wird mit jedem Nachrichtenblock eine redundante Bitfolge (Prüffolge) mitgesendet. Diese Prüffolge ist eine Funktion der Daten (z. B. die Anzahl aller Einsen modulo 16 wäre möglich, aber nicht optimal) und kann vom Empfänger auf Richtigkeit überprüft werden. Stimmt die empfangene Bitfolge mit der erwarteten nicht überein, so wird der Datenblock nicht akzeptiert (nak) und muß wiederholt werden. Unerkannte Fehler werden dabei nahezu ausgeschlossen.

Zu den sichersten und daher am häufigsten verwendeten Prüffolgen gehört die des "cyclic redundancy check". Dabei wird ein Polynom über der Zeichenfolge ausgewertet. Das Ergebnis, bzw. zwei Zeichen davon werden als "block check characters" benützt.

3.1.3 Beschreibung realer Protokolle

Mit Hilfe geeigneter Beschreibungsmittel werden die vereinfachten Protokolle aus Kap. 3.1.1 so erweitert, daß sie einem real verwendeten Kommunikationsprotokoll (BSC) entsprechen. Geeigneter als die Darstellung in Fig. 3.1 - 3.3 sind für diesen Zweck Zustandsdiagramme (state diagrams).

Fig. 3.5 stellt die einfache Übertragung einer Nachricht dar. Der Nachrichtenkopf (die Folge <u>soh</u> bis <u>stx</u>) kann, muß aber nicht vorhanden sein. Sowohl der Kopf als auch die Nachricht selbst bestehen aus einer beliebigen Anzahl von Zeichen, die hier mit "α" bezeichnet werden. Das Zeichen "λ" deutet einen Richtungswechsel in der Übertragung an, der nicht durch Steuercodes, sondern vom Modem durch nachrichtentechnische Signale bei Halbduplexleitungen übermittelt wird. Fehlerprozeduren und verlorengegangene Nachrichten oder Antworten werden hier außer acht gelassen.

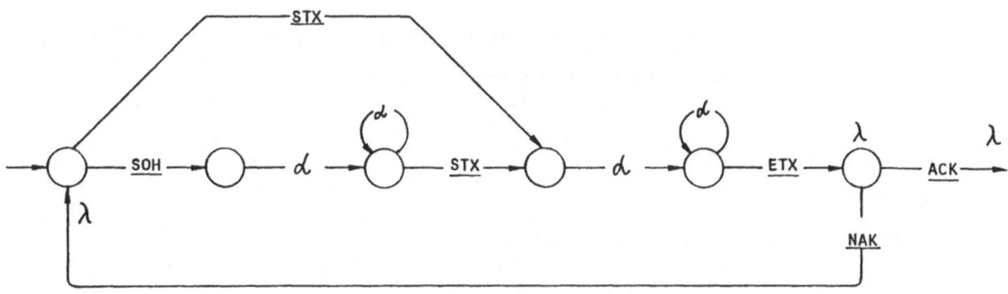

Fig. 3.5 Nachrichtenübertragung als Zustandsdiagramm dargestellt

Das Diagramm ist für Sender und Empfänger prinzipiell gleich; die Implementierung der durch die Zustandsübergänge repräsentierten Aktionen hängt freilich davon ab, welche Station die sendende und welche die empfangende ist.

Einige Beispiele:

	Sender	Empfänger
<u>stx</u>	Nachrichtenpuffer zum Senden initialisieren	Puffer reservieren zum Empfang einer Nachricht

	Sender	Empfänger
etx	Nachricht vollständig gesendet Warten auf Bestätigung	Nachricht vollständig empfangen Fehlerprüfung und Senden von ack oder nak
nak	Negative Bestätigung erhalten; nochmals mit Senden der Nachricht beginnen	Negative Bestätigung gesendet; Warten auf Wiederholung der Nachricht

Bei einem realen Kommunikationsprotokoll wie BSC von IBM wird wieder zwischen den drei Verbindungsarten

- Punkt-zu-Punkt-
- Mehrpunkt-
- geschaltete Punkt-zu-Punkt-

Verbindung unterschieden.

BSC ist ein Halbduplex-Protokoll, das heißt, Informationen können nicht gleichzeitig in beide Richtungen gesendet werden. Das Protokoll legt die Folge von Senden und Empfangen von Information bzw. Bestätigungen exakt fest. Aus diesem Grunde ist auch die Darstellung in Form von Zustandsdiagrammen möglich (Fig. 3.6 und 3.7).

Der Nachrichtenkopf enthält Steuerinformation für den empfangenden Prozeß, ist aber für die unmittelbare Protokollsteuerung irrelevant und daher den transparenten Daten gleichgestellt. Nach dem Ende der Nachricht oder eines Blockes (etx oder etb) folgen die block check characters (bcc).

Je nachdem, ob die Nachricht bzw. der Block akzeptiert wird oder nicht, folgt ack oder nak (bzw. abwechselnd ack0 und ack1). Dem kann ein Präfix vorangehen, das in Fig. 3.6 durch π dargestellt wird und ggf. zusätzliche Informationen für den Kommunikationspartner enthält (z. B. Grund für ein nak).

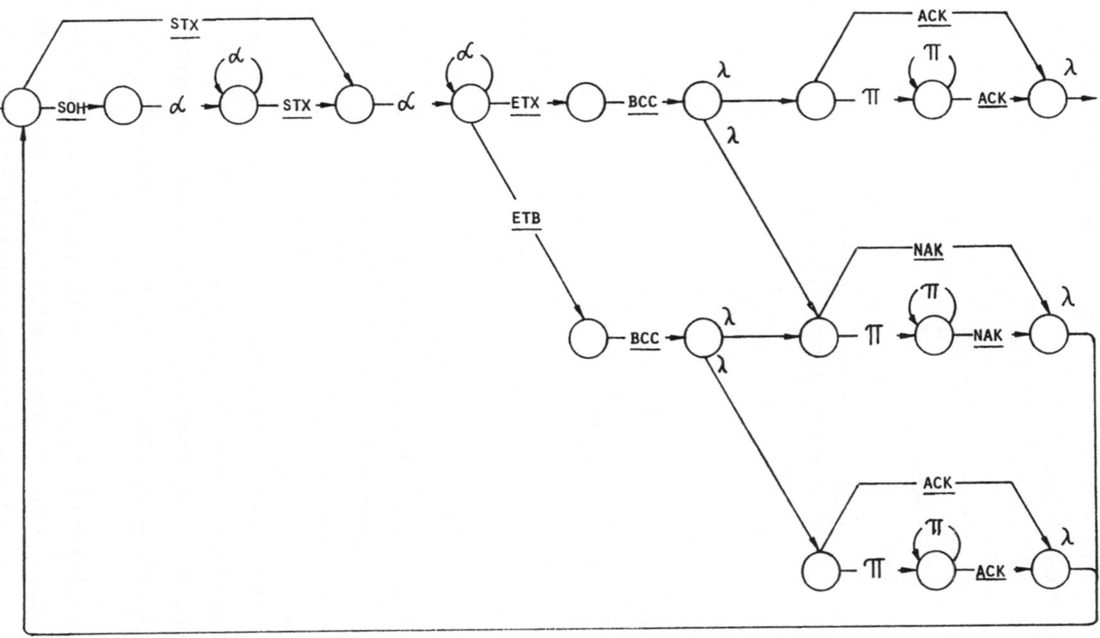

Fig. 3.6 Nachrichtenübermittlungsphase in einem BSC-Protokoll

Aus Platzgründen wird die Phase "Nachrichtenübermittlung" separat in Fig. 3.6 dargestellt, das gesamte Protokoll für eine Punkt-zu-Punkt-Verbindung in Fig. 3.7.

Hinzu kommen noch die Eröffnungs- und Beendigungsphase, die sich nur geringfügig von den in Fig. 3.1 beschriebenen Protokollphasen unterscheiden.

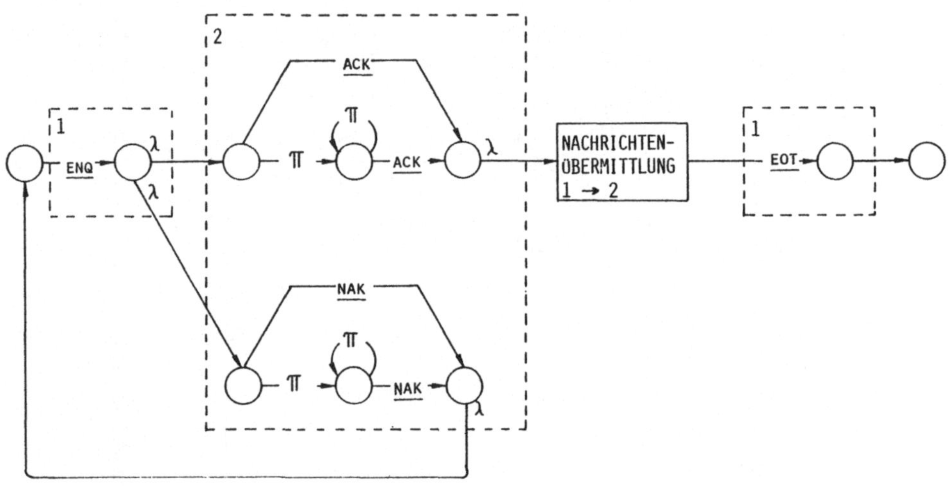

Fig. 3.7 Kommunikationsprotokoll für eine Punkt-zu-Punkt-Verbindung

Für den Fall, daß beide Stationen gleichzeitig enq senden, muß eine der beiden eine vordefinierte Priorität haben. Diese Quasi-Primärstation ignoriert in diesem Fall das empfangene enq, die Sekundärstation antwortet protokollgemäß.

Bei Mehrpunktverbindungen wird wieder zwischen den Vorgängen Polling und Selection unterschieden. Ein Präfix des enq Zeichens identifiziert die angesprochene Sekundärstation und gibt an, ob es sich um Polling oder Selection handelt. Fig. 3.8 beschreibt dieses Protokoll als Zustandsdiagramm. "P" bezeichnet Senden durch die Primär-, "S" durch die Sekundärstation. Eine direkte Kommunikation zwischen zwei Sekundärstationen ist dabei nicht möglich.

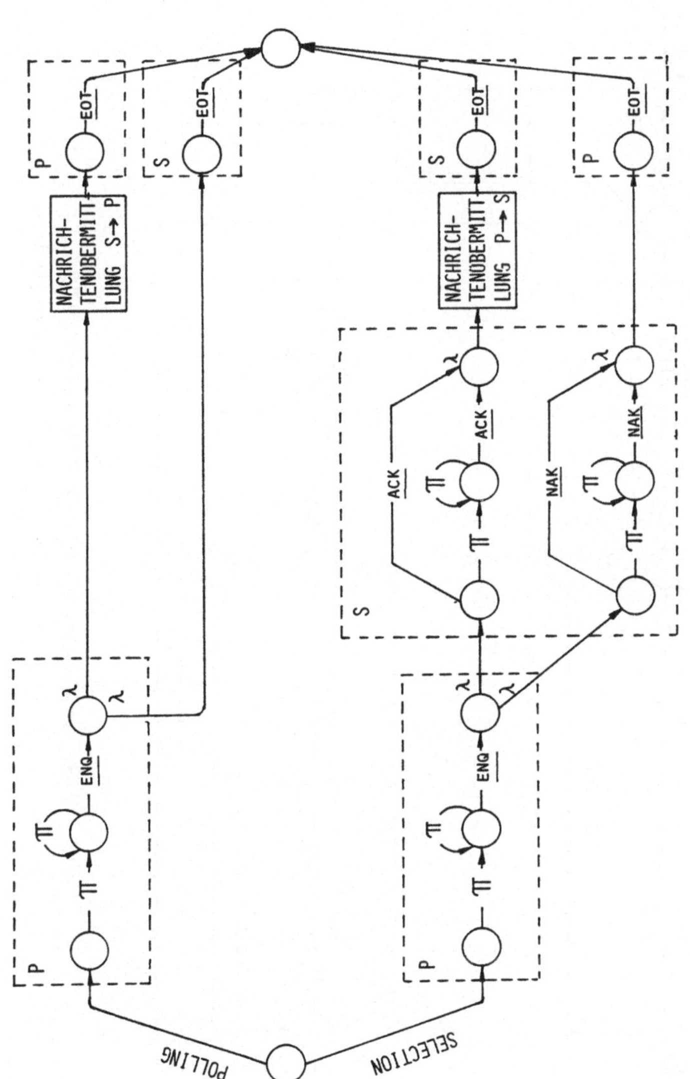

Fig. 3.8 Kommunikationsprotokoll für eine Mehrpunktverbindung

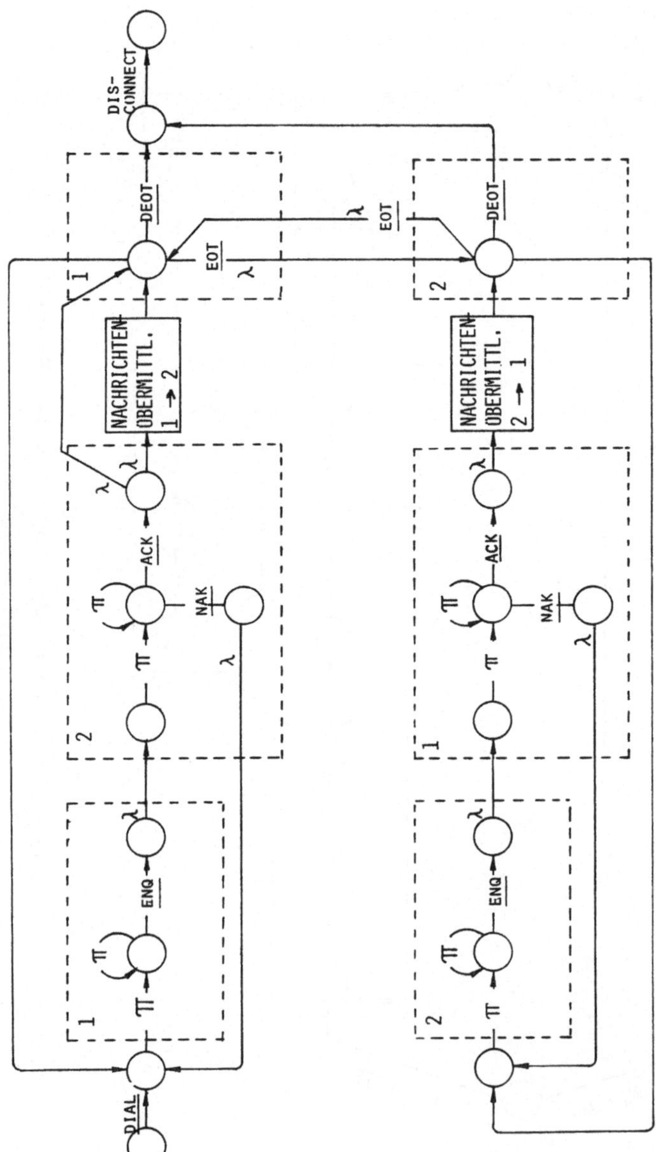

Fig. 3.9 Kommunikationsprotokoll für eine geschaltete Punkt-zu-Punkt-Verbindung

Geschaltete Punkt-zu-Punkt-Verbindungen unterscheiden sich nur wenig von fest verbundenen Punkt-zu-Punkt-Verbindungen; es wird lediglich eine Verbindungsaufbauphase vorangestellt und der Verbindungsabbau am Ende hinzugefügt.

Durch ein Präfix der Zeichen enq und ack in der Eröffnungsphase werden die beiden Stationen identifiziert.

Da der Verbindungsaufbau im geschalteten System relativ viel Zeit in Anspruch nimmt, ist in diesem Protokoll die Möglichkeit vorgesehen, nach der Beendigungsphase die Senderichtung zu wechseln und neue Nachrichten zu übermitteln, ohne die Verbindung ab- und wiederaufbauen zu müssen. Erst wenn keine weiteren Nachrichten mehr zur Übermittlung anstehen, wird die Verbindung mittels deot abgebrochen.

Das in Fig. 3.9 dargestellte Protokoll ist nur eine von mehreren Möglichkeiten, die Kommunikation in geschalteten Systemen zu steuern. Es entspricht im wesentlichen dem BSC-Protokoll. Durch Verändern einzelner Zustandsübergänge bzw. Hinzufügen zusätzlicher Zustände könnte der Ablauf des Protokolls noch schärfer definiert werden, um sinnlose, aber in Fig. 3.9 durchaus erlaubte Zeichenfolgen (z. B. endlosen Austausch von eot-Zeichen) auszuschalten. Dies wurde hier aus Gründen der Übersichtlichkeit unterlassen.

Die bisher beschriebenen Protokolle sind nur im Halbduplexbetrieb anwendbar. Um die Vorteile von Vollduplexleitungen ausnützen zu können, sind etwas komplexere Steuerungsmechanismen, sogenannte höhere Steuerungen notwendig. Bei diesen Protokollen wird der (meist schwächere) Steuer-Informationsfluß der dem Datenfluß entgegengesetzten Richtung (wie z. B. ack, eot, usw.) an die Daten der Gegenseite angehängt.

Literatur zu Kap. 3.1: /IBM 70/, /Stut 72/. Weiterführende Literatur ist außerdem in folgenden Büchern zu finden: /DBP 77/, /Davi 79/, /Doll 78/, /Krau 72/, /Mart 77/, /Oett 74/, /Schw 77/, /Stel 74/.

3.2 Höhere Steuerung

3.2.1 HDLC (High level Data Link Control)

HDLC ist ein Leitungsprotokoll zwischen zwei Stationen, deren physische Verbindung, egal ob "Punkt-zu-Punkt", "Mehrpunkt" oder "geschaltete Punkt-zu-Punkt", als bereits hergestellt zu betrachten ist. HDLC ist ein Standard der Internationalen Standard-Organisation (ISO) und ist sehr ähnlich dem SDLC (Synchronous Data Link Control) von IBM. Als ein Beispiel soll hier auf HDLC näher eingegangen werden. *)

In HDLC gibt es drei Betriebsarten:

- Normal Response Mode (NRM):
  Eine der beiden Stationen ist Primärstation, die andere Sekundärstation. Das Protokoll ist ein Halbduplex-Protokoll (kann aber auch auf Duplexleitungen verwendet werden, vgl. Kap. 2.2.1).

- Asynchronous Response Mode (ARM):
  Diese Betriebsart nützt die Eigenschaften einer Vollduplex Leitung durch ein Vollduplex-Protokoll besser aus, die Beziehung Primär- zu Sekundärstation besteht jedoch weiterhin.

- Asynchronous Balanced Mode (ABM):
  Diese Betriebsart betrachtet beide Stationen als gleichwertig und arbeitet im Vollduplexbetrieb. Sie ist die zuletzt entwickelte (1978) und hat sich allgemein durchgesetzt. Wir wollen diese Art daher in erster Linie betrachten.

Jede Art von Übertragung findet in HDLC mittels "Rahmen" (frames) statt. Ein Rahmen ist eine Folge von Bits, an beiden Enden begrenzt durch ein reserviertes Steuerzeichen, einer

----

*) Wir beschränken uns dabei im wesentlichen auf den Teil, der auch in der Schnittstelle X.25 (siehe Kap. 4.3.2.1) verwendet wird.

"Flag". Innerhalb des Rahmens sind die Steuerzeichen durch ihre Position bestimmt; es ist also nicht notwendig, außer der Flag weitere Steuerzeichen zu reservieren. Das für die Flag reservierte Zeichen besteht aus den 8 Bits: 01111110.

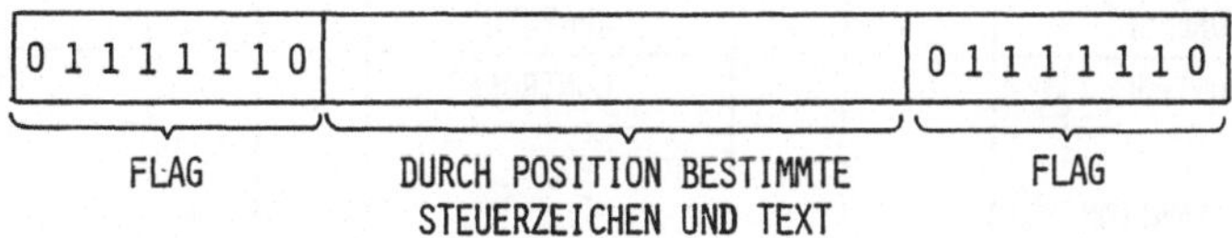

Fig. 3.10 HDLC-Rahmen

Das Problem der Transparenz tritt auch hier auf, wenn der Text die Bitkombination 01111110 enthalten sollte. Dieses Problem wird mit der Methode des "Bit-Stuffing" gelöst: Sollte innerhalb des Rahmens, also die Flags ausgenommen, eine Folge von fünf oder mehr "1" auftreten, so wird vor dem Senden nach fünf aufeinanderfolgenden "1" eine "0" eingefügt. Damit wird garantiert, daß im Text nie eine Folge von sechs "1" übertragen wird. Der Empfänger kann nun klar erkennen, wo die Flags sind, da nur diese eine Folge von sechs "1" beinhalten. Folgt auf fünf "1" eine "0", so wird diese wieder herausgenommen (sie mußte ja beim Senden eingefügt werden), folgt eine sechste "1", so handelt es sich um die Flag.

Darüber hinaus gibt es noch zwei Sonderzeichen, die nun auch nicht mehr mit normalem Text oder auch mit der Flag verwechselt werden können:

7 mal "1": frame abortion;
15 mal "1": Kanal ist inaktiv

HDLC verwendet einen 8-bit Code, ist aber aus den oben angeführten Gründen sonst codeunabhängig.

Es werden folgende drei Rahmenformate unterschieden:

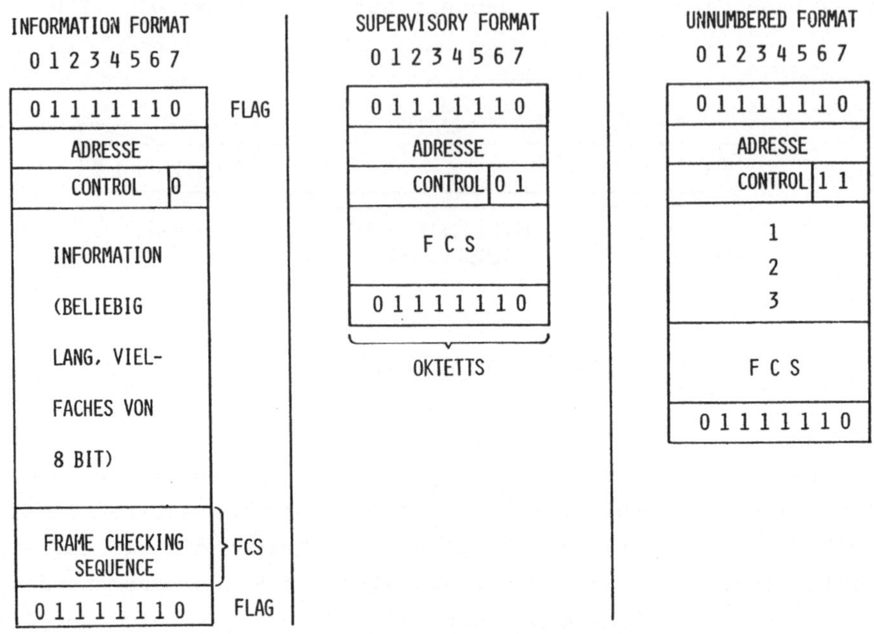

Fig. 3.11 HDLC-Rahmenformate

Bemerkung: Da Bit-Stuffing nur während der reinen Übertragungsphase (bitseriell) stattfindet und evtl. eingefügte Nullen am Ende der Übertragung wieder herausgenommen werden, bleibt die Oktett-Struktur erhalten.

Außerdem werden sämtliche Rahmen in zwei Klassen eingeteilt: "Commands" und "Responses". Sie werden durch das Adreß-Feld unterschieden, sind aber auch durch ihre Funktion klar bestimmt.

Die "Frame Checking Sequence" (FCS) ist eine Folge von 16 Bits am Ende eines jeden Rahmens (vor der "flag"). Die FCS ist eine Funktion des restlichen Rahmens und dient der Fehlererkennung. Sie wird beim Sender eindeutig bestimmt und beim Empfänger auf Richtigkeit überprüft. Es können somit Veränderungen während der Übertragung festgestellt werden.

Zur Fehlerwahrscheinlichkeit siehe Kap. 2.2.4.

Die Codierung des Control-Feldes kann Fig. 3.12 entnommen werden.

Bevor auf die einzelnen "Commands" und "Responses" eingegangen wird, sei noch erwähnt, daß jede der beiden Stationen zwei Register hat,

V(S) ... Sendefolgeregister
V(R) ... Empfangsfolgeregister.

Sie bestehen aus je 3 bit, können also Zahlen von 0 - 7 darstellen. Sie dienen als Zähler für die Rahmen in beiden Richtungen und sollen die richtige Reihenfolge der Rahmen garantieren. Auf ihre genaue Funktion wird später noch eingegangen.

a) Unnumbered Frames (U-Rahmen):
Sie heißen so, weil sie keine der beiden Folgenummern N(S) und N(R) (siehe b)) besitzen. Sie dienen dem Verbindungsauf- bzw. -abbau. Bei allen vieren ist das P bzw. F bit außer in Spezialfällen, auf die hier nicht eingegangen werden kann, immer 0.

SABM: Eine der beiden Stationen leitet damit den Verbindungsaufbau ein. Die Register V(S), V(R) werden auf beiden Seiten auf 0 gesetzt, da noch keine Informationsrahmen gesendet oder empfangen wurden.
SABM wird auch zum Rücksetzen dieser Register benützt, wenn bestimmte Fehler auftreten.

DISC: Jede der beiden Stationen kann auf diese Weise die Verbindung abbrechen. Nach der fehlerfreien Übertragung eines Disconnect-Commands kann die Verbindung nur durch ein neuerliches SABM wiederhergestellt werden.

Commands und Responses			0	1	2	3	4	5	6	7
Format	Commands	Responses	Codierung							
Information Transfer	I-Information		N(R)			P	N(S)			0
Supervisory		RR -receive ready	N(R)			F	0	0	0	1
		RNR-receive not ready	N(R)			F	0	1	0	1
		REJ-reject	N(R)			F	1	0	0	1
Unnumbered	SABM-Set asynchronous balanced mode		0	0	1	P	1	1	1	1
	DISC-Disconnect		0	1	0	P	0	0	1	1
		UA-unnumbered acknowledge	0	1	1	F	0	0	1	1
		FRMR-frame reject	1	0	0	F	0	1	1	1

Fig. 3.12 Codierung des Control-Feldes

UA: Jedes SABM oder DISC Command erfordert ein UA als Response von der jeweils anderen Station. Erst nach der Übertragung von UA als Response auf SABM ist die Verbindung hergestellt. Der Verbindungsabbau durch DISC wird ebenfalls erst durch ein UA endgültig bestätigt.

FRMR: Ein Rahmen, dessen FCS zwar formal richtig ist, dessen Inhalt jedoch nicht sinnvoll interpretiert werden kann, wird mit FRMR beantwortet. Dies bedeutet, daß die Sendefolge unterbrochen wird. Um fortzusetzen, müssen alle Register auf den Anfangszustand zurückgesetzt werden, was nur mit einem neuerlichen SABM möglich ist. Die Oktetts 1, 2, 3 (siehe Fig. 3.11) werden für eine nähere Bezeichnung des Fehlers verwendet.

b) Information Transfer Frames (I-Rahmen): Sie übertragen die eigentliche Information und können von beiden Stationen nach erfolgtem Verbindungsaufbau gesendet werden. Hier sind nun die beiden Folgenummern N(S), N(R) und die Folgeregister V(S), V(R) von Bedeutung.

Die I-Rahmen, jedoch nur diese, werden mittels der Sendefolgenummer N(S) fortlaufend numeriert. Sie besteht aus nur 3 Bits, wiederholt sich daher nach jeweils acht Rahmen. Um die korrekte fortlaufende Numerierung zu gewährleisten, wird die Sendefolgenummer für den nächsten zu sendenden I-Rahmen im Sendefolgeregister V(S) gespeichert.

In der Empfängerstation enthält das Empfangsfolgeregister V(R) die Folgenummer des nächsten zum Empfang erwarteten Rahmens. Das bedeutet gleichzeitig, daß sämtliche Rahmen bis zur Folgenummer V(R)-1 richtig empfangen wurden. Um der sendenden Station dies mitzuteilen, wird der Inhalt von V(R) mittels der Empfangsfolgenummer N(R) in einem I-Rahmen der Gegenrichtung gesendet. N(R) kann daher als Bestätigung aller Rahmen bis N(R)-1 aufgefaßt werden.

Folgefehler, d.h. der Empfang von Rahmen mit einer anderen als der erwarteten Sendefolgenummer, werden mit S-Rahmen (siehe c)) beantwortet. Wird ein Rahmen richtig empfangen, muß V(R) um 1 modulo 8 erhöht werden. Sollte die FCS auf einen anderen als einen Folgefehler hindeuten, so wird der Rahmen ignoriert, d.h. V(R) wird nicht verändert. Dadurch entsteht beim nächsten I-Rahmen ein Folgefehler (siehe c)).

Die Folgenummern im Control-Feld eines zu sendenden I-Rahmens werden daher wie folgt gesetzt:

N(S)←V(S) um den I-Rahmen zu numerieren,
N(R)←V(R) um den Empfang von allen Rahmen bis zur Nummer V(R)-1 zu bestätigen.

Durch die Beschränkung auf 3 bit für N(S) und N(R) ist klar, daß höchstens 7 Rahmen gesendet werden können, bevor der erste von der anderen Station mittels N(R) bestätigt wird, da die Folgenummern sonst nicht mehr eindeutig wären. Der tiefere Sinn dieser Beschränkung liegt jedoch darin, daß ausständige (noch unbestätigte) Rahmen bis zu ihrer positiven Bestätigung in Puffern gespeichert werden müssen. Die dafür notwendige Zahl von Puffern wird dadurch ebenfalls begrenzt. Dieser Mechanismus wird zur Flußkontrolle verwendet und "Window-Mechanismus" genannt. In diesem Fall beträgt die "Window"-Größe 7, da bis zu 7 ausständige Rahmen erlaubt sind. Falls erwünscht, kann die "Window"-Größe W auch mit W<7 angenommen werden. In diesem Fall muß vor dem Senden eines I-Rahmens überprüft werden, ob

$$(V(S) - \text{zuletzt empfangenes } N(R)) \text{ modulo } 8 \leq W$$

(Vgl. hiezu auch den Window-Mechanismus in X.25, Kap. 4.3.2.3.1 und Fig. 4.34).

Wird HDLC bei Satellitenübertragung verwendet, so ist die zeitliche Verzögerung bei der Übertragung der Information und der Bstätigung so groß, daß bei einer "Window"-Größe 7 unerwünschte Sendepausen eintreten würden. Es ist daher notwendig, das Format für die Folgenummer derart abzuändern, daß mehr als 7 ausständige Rahmen erlaubt sind. 127

ist für Satellitenübertragung eine geeignete "Window"-Größe, wozu 7 bit erforderlich sind.

I-Rahmen werden, solange Information zu senden ist und die Zahl der unbestätigten I-Rahmen W nicht überschreitet, fortlaufend gesendet. Bestätigungen sind in I-Rahmen in der Gegenrichtung eingebettet (mittels N(R)) oder werden durch Supervisory Frames übermittelt.

Supervisory Frames (S-Rahmen):
Sie werden zur positiven oder negativen Bestätigung sowie zur Flußkontrolle verwendet.

REJ: Diese Response wird gesendet, wenn der empfangene I-Rahmen einen Folgefehler aufweist, d.h. wenn sein N(S) $\neq$ V(R) des Empfängers ist. Als Empfangsfolgenummer N(R) wird dem reject-Rahmen der Inhalt des Registers V(R) mitgegeben, um anzudeuten, daß alle I-Rahmen ab dieser Folgenummer wiederholt werden müssen, um die lückenlose Reihenfolge wieder herzustellen. Alle weiteren fehlerhaften Rahmen werden ignoriert, bis der erste korrekt wiederholte eintrifft.

RNR: Mit dieser Response deutet der Empfänger an, daß er nicht empfangsbereit ist (z.B. wegen Überlastung). N(R) wird als Bestätigung für den I-Rahmen N(R)-1 noch mitgegeben, weitere I-Rahmen werden jedoch nicht mehr akzeptiert. Erst der Empfang eines RR-Rahmens oder eines REJ-Rahmens erlaubt der anderen Station, wieder mit I-Rahmen fortzufahren.

RR: Eine Funktion des RR-Rahmens, nämlich Beendigung des nicht empfangsbereiten Zustandes, wurde schon angedeutet. Die andere Funktion ist es, den Empfang von I-Rahmen zu bestätigen, wenn die empfangende Station nicht ihrerseits gerade einen I-Rahmen zu senden hat, in den ja die Bestätigung sonst eingebettet werden könnte. N(R) bestätigt dabei die Rahmen bis zu N(R)-1.

Ein weiterer Steuermechanismus, der nicht durch das Übertragen von Rahmen ausgelöst wird, ist das "Time-out": Eine Uhr wird beim Senden eines I-Rahmens auf eine bestimmte Zeiteinheit (T1) gesetzt; sie wird bei Erhalt einer Bestätigung neuerlich auf T1 zurückgesetzt. Sollte T1 ablaufen, ohne daß eine korrekte Bestätigung empfangen wurde, dann werden alle ausständigen I-Rahmen wiederholt. Um sie klar als Wiederholungen zu kennzeichnen, wird das P-Bit auf 1 gesetzt. Erst eine Bestätigung, deren F-Bit ebenfalls 1 ist, führt wieder in den Normalzustand zurück.

STATION A — STATION B

$V(S)_A$	$V(R)_A$	COMMAND/ RESPONSE	COMMAND/ RESPONSE	$V(S)_B$	$V(R)_B$	BEMERKUNGEN
0	0	SABM				ST. A FORDERT VERBINDUNG AN
			UA	0	0	ST. B BESTÄTIGT
1		I(0,0)				
			RR(1)		1	ST. A SENDET DATEN ST. B BESTÄTIGT
2		I(1,0)				
			I(0,2)		2	A UND B SENDEN DATEN UND BESTÄTIGEN IM I-RAHMEN
3		I(2,0)				
	1		I(1,3)		3	
4		I(3,1)				
	2	RR(2)	I(2,4)		4	
	3	RR(3)	I(3,4)			STÖRUNG, ST. A IGNORIERT FEHLERHAFTEN I-RAHMEN
			I(4,4)			NÄCHSTER I-RAHMEN ALS FOLGEFEHLER ERKANNT REJ-RESPONSE GESENDET
		REJ(3)	I(5,4)			WEITERE I-RAHMEN IGNORIERT BIS $N(S)_B=V(R)_A$
			I(3,4,P)			WIEDERHOLUNGEN MIT P-BIT GEKENNZEICHNET
	4	RR(4,F)	I(4,4,P)			BESTÄTIGUNG MIT F-BIT
	5	RR(5,F)	I(5,4)			
	6	RR(6)				
		DISC				VERBINDUNGSABBAU
			UA			ST. B BESTÄTIGT

Fig. 3.13 Ablauf eines HDLC-Protokolls
Beispiel 1

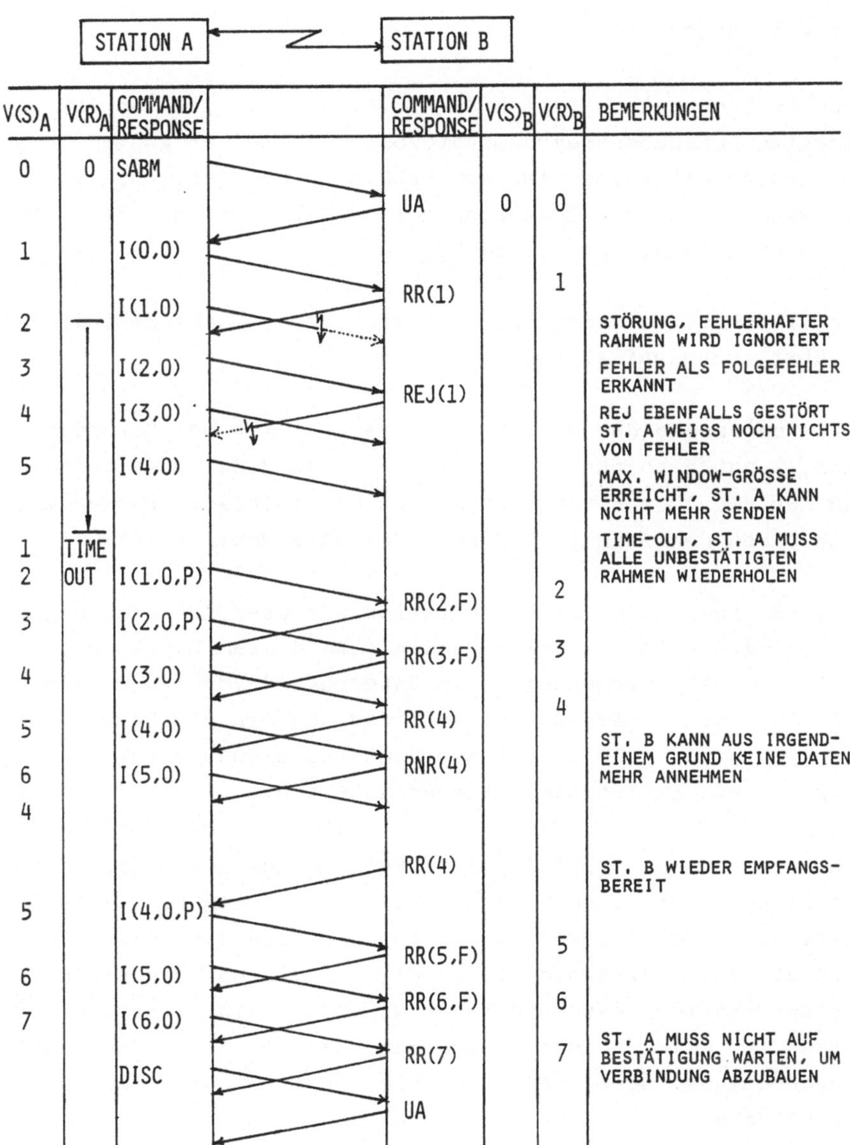

Fig. 3.14 Ablauf eines HDLC-Protokolls
Beispiel 2

3.2.2 Andere Steuerungsprotokolle

3.2.2.1 SDLC

SDLC (= Synchronous Data Link Control) ist das von IBM entwickelte Datenübertragungsprotokoll. In seiner ganzen Struktur und Arbeitsweise ist es HDLC sehr ähnlich. Die Formate der Rahmen und die Bedeutung der Funktionen und der Folgeregister sind gleich wie in HDLC.

Zur Illustration seien hier die wichtigsten Unterschiede aufgeführt, ohne auf alle Details einzugehen:

SDLC unterscheidet strikt zwischen Primär- und Sekundärstation, kennt also nur den Normal Response Mode. Dies bedeutet, daß nur die Primärstation von sich aus initiativ werden kann, etwa durch den SNRM (Set Normal Response Mode)-Befehl.

Weiters kann die Sekundärstation nur über Aufforderung von der Primärstation I-Rahmen senden. Zu diesem Zweck wird das P- bzw. F-bit verwendet. Zum Unterschied von HDLC bedeutet P=1 in einem Command eine Aufforderung an die Sekundärstation, zu senden (Poll). Diese deutet das Ende ihrer Übertragung mit F=1 im letzten I-Rahmen an (Final).

Diese strikte Unterscheidung in Primär- und Sekundärstationen ermöglicht auch einen Mehrpunktbetrieb, wie in Fig. 2.19 dargestellt. Die Primärstation behält immer die Kontrolle und benützt das Adreßfeld (vgl. Fig. 3.11), um die gewünschte Sekundärstation anzusprechen. Nur diese eine darf dann Antworten an die Primärstation zurücksenden. Diese notwendige Einschränkung wäre bei gleichberechtigten Stationen nicht durchführbar.

3.2.2.2 DDCMP

Dies ist ein Protokoll der Digital Equipment Corp. (DEC) und weist größere Unterschiede zu HDLC auf.

Das Format für einen DDCMP-Rahmen ist in Fig. 3.15 beschrieben:

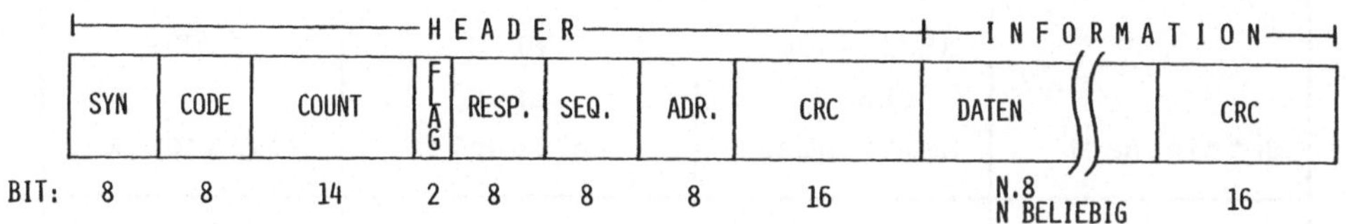

SYN	Synchronisierungszeichen
CODE	SOH: Datenübertragung ENQ: Steuernachricht DLE: Bootstrapping (down line loading)
COUNT	Länge des Datenfeldes. Dadurch wird das Ende des Rahmens bestimmt
RESP. SEQ.	Entspricht N(R) bzw. N(S) bei HDLC. Um auch die Verzögerung bei Satellitenübertragung einzukalkulieren, sind hier 8 bit vorgesehen, also bis zu 255 ausständige Rahmen sind möglich.
ADR.	Adresse, wenn im Mehrpunktbetrieb verwendet.
CRC	Cyclic Redundancy Check, ein 16-bit-Fehlererkennungsfeld.

Fig. 3.15 DDCMP-Format

Der wesentliche Unterschied zu den anderen Protokollen besteht in der Verwendung des "Count" zur Bestimmung der Länge des Datenfeldes. Alle anderen Protokolle verwenden dafür spezielle Steuerzeichen am Ende des Rahmens (ETX, Flag). Dies ist in DDCMP nicht erforderlich. Mit dem "Count" entfällt auch die Notwendigkeit des Character- oder Bit-Stuffing, um die Transparenz zu wahren. Für die angegebene Länge des Rahmens kann kein Zeichen fälschlicherweise als Steuerzeichen interpretiert werden. Vgl. FORTRAN-Formate:

5HA1'H5 = 'A1''H5'

Count Character-Stuffing

Da dem "Count" eine so besondere Bedeutung zukommt, wird der Header unabhängig vom Informationsteil durch ein CRC geschützt.

Betriebsart	ASCII-Code (BSC) Halbduplex	HDLC (SDLC) Vollduplex	DDCMP Vollduplex
Übertragung	seriell *)	seriell *)	seriell oder parallel
Transparenz	Character stuffing	Bit stuffing	Count
Aufforderungs-phase	ENQ	SNRM SARM SABM	ENQ STRT
Beendigungs-phase	EOT	DISC	Time-out durch Nicht-benützen
Übertragungs-phase	STX . . . ETX	I-Rahmen	SOH im Code-Feld
Flußkontrolle	ACK NAK	N(R) RNR, RR REJ FRMR	N(R) ACK NAK

*) Parallele Übertragung ist wegen des Mechanismus des Character- bzw. Bitstuffing nicht möglich, da zusätzliche Bits eingeschoben werden können.

Fig. 3.16 Gegenüberstellung von Protokollen

Der Ablauf des DDCMP-Protokolls ist dem HDLC-Protokoll ähnlich. Es soll daher hier nicht mehr näher darauf eingegangen werden.

Eine kurze Gegenüberstellung der beschriebenen Protokollgruppen ist in Fig. 3.16 angegeben.

Die verschiedenen Protokolle werden in der Literatur detailliert behandelt: /CCIT 78/, /IBM 79/, /Slom 78/; außerdem in folgenden Büchern: /Boch 79/, /Cyps 78/, /Davi 79/, /Doll 78/, /Oett 74/, /Schw 77/, /Stel 74/.

3.3 Effizienz der Übertragung

Die folgende Tabelle gibt einen Überblick über die Effizienz der wichtigsten Übertragungsarten:

	ASYNCHRON-BETRIEB (siehe Kap. 2.2.1)	ASCII-CODE (BSC)	HÖHERE PROTOKOLLE (z. B. HDLC)
CODE-EFFIZIENZ	2-3 Steuerbits 5-8 Nachrichten-bits 20-30 % Verlust	2 SYN, STX, ETX 2 SYN, ACK, 2 Block-check ⇒9 Steuer-zeichen ~ 100 Zei-chen/Block ~ 9 % Ver-lust	Flag, Adreßfeld, Control, 2 FCS, Flag ⇒6 Steuer-zeichen ~ 100 Zeichen/Block ~6 % Verlust
FEHLER-ERKEN-NUNG	Parity	Cyclic-Redundancy Check (CRC)	FCS
BETRIEBS-ART	halbduplex, vollduplex	halbduplex	vollduplex

Fig. 3.17 Effizienz der Übertragungsarten

Als Rechenbeispiel für die Effizienz und die daraus resultierende optimale Datenblockgröße sei das BSC-Protokoll herausgegriffen:

Verzögerungszeit bei BSC: Leitungsumschaltung,
Reaktionszeit des Rechners,
Verzögerung der Antworten (V):
a) auf der Leitung ca. 15 µs/km
b) Umschaltzeiten (λ)

$$Re = \frac{N}{T}$$

$$T = \Big(\underbrace{\frac{N}{R} + V}_{\text{hin}} + \underbrace{\frac{a}{R} + V}_{\text{zurück}} \Big) \Big(1 + N \, . \, f \Big)$$

Re	effektive Übertragungsgeschwindigkeit (Leitungsausnützung)
N	Blockgröße
T	Zeit
f	Fehlerhäufigkeit
R	Übertragungsrate auf der Leitung
a	Anzahl der Zeichen für ACK, NAK
V	Verzögerung der Antworten

$$Re = \frac{N.R}{(1+N.f)\ (N+2VR+a)}$$

Der Faktor (1+Nf) kommt durch die Wiederholung von fehlerhaften Blöcken zustande.

Die optimale Blockgröße wird nun wie folgt berechnet:

Maximales Re bzw. minimales $\frac{1}{Re}$:

$$\frac{d\left(\frac{1}{Re}\right)}{dN} = 0 \qquad Nopt = \sqrt{\frac{2VR+a}{f}}$$

Beispiel: $\lambda \sim 40$ ms, Verzögerung auf der Leitung bei 100 km ≈ 1,5 ms

R = 4000 bit/sec $\qquad$ 2VR ≈ 332

$$Nopt \approx \sqrt{\frac{332+16}{10^{-4}}} \approx \sqrt{3,5.10^{6}} \approx 1870 \text{ bit}$$

Die Bedeutung einer guten Leitungsausnützung hängt stark von der Anordnung der Datenendgeräte und der Leitungen ab. Dies ist in Fig. 3.18 dargestellt.

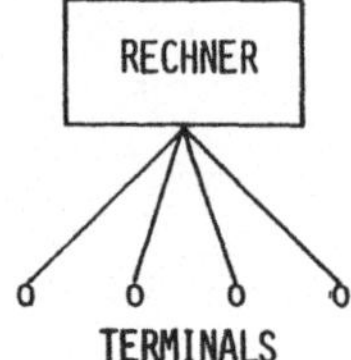

In diesem Fall einer sternförmigen Anordnung ist die Leitungsausnützung nicht besonders wichtig, da der Engpaß wahrscheinlich an der Terminalbedienung auftritt.

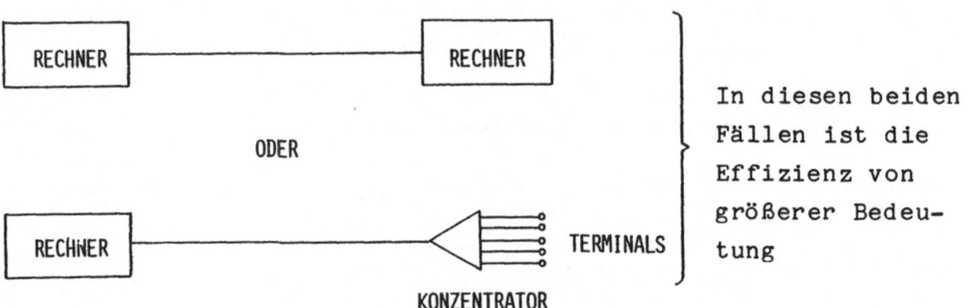

Fig. 3.18 Bedeutung der Effizienz in drei Fällen

Literatur zu Kapitel 3.3: In den Büchern /Davi 73/, /Oett 74/.

4. Netzwerke

4.1 Grundbegriffe

4.1.1 Netztypen

Bisher haben wir uns mit Einzelleitungen befaßt. Unsere Betrachtungen haben sich also darauf beschränkt, die Verbindung zwischen zwei Endpunkten über eine Leitung isoliert zu sehen. Der Begriff der Rechnernetzwerke geht jedoch weiter als die Kopplung von zwei Geräten, wenn auch die Entwicklung sicher dort begonnen hat, wo der Ort der Datenein- oder -ausgabe und der Ort der Verarbeitung von Daten in einem Computersystem nicht identisch waren. So wurden einfache Punkt-zu-Punkt-Verbindungen zwischen Terminals und einem Rechner, der sich in einiger Entfernung von den Terminals befand, geschaffen. Fernsprech-Standleitungen mit Modems, die dazu dienen, die digitalen Signale auf dem analogen Übertragungsmedium transportieren zu können, sind auch heute noch sehr gebräuchlich.

Die angeschlossenen Terminals reichen von einfachen zeichenorientierten Fernschreibern bis zu intelligenten Datenstationen und Minicomputern, die auch schon einen nicht geringen Teil der Verarbeitung selbt übernehmen können.

Viele dieser einfachen sternförmigen Netze, bei denen viele Terminals an einem Zentralrechner angeschlossen sind (siehe Fig. 4.1.C), sind heute in Betrieb, ja stellen sogar immer noch den Regelfall dar. Bekanntestes Beispiel hierfür sind die Banken, die ihre Geschäftsfälle von Terminals aus in den Zweigstellen durchführen, während die Datenhaltung und -verarbeitung ausschließlich im Zentralcomputer stattfindet.

In der Folge entstanden jedoch auch Netzwerke, in denen mehrere Verarbeitungsrechner miteinander verbunden wurden und die Benutzer an den Terminals Zugang zu mehreren Rechnern bekamen. Das Prinzip, die Verarbeitung dort durchzuführen, wo die Daten anfallen, setzte sich allmählich durch. Dies führte schließlich zur Errichtung von verteilten Datenbanken, d. h. die Daten werden jeweils dort gespeichert, wo sie anfallen und wo sie auch in der Hauptsache benötigt werden; ein Zugriff von anderen Teilnehmern innerhalb des verteilten Systems ist jederzeit möglich.

Der Bedarf nach verteiltem Verarbeiten (engl.: distributed processing) wurde nun auch von Computerherstellern erkannt, und viele von ihnen entwickelten ihre eigenen verteilten Rechnerverbundsysteme. Auch unter diesen gibt es verschiedene Arten von Netzwerken, die nach verschiedenen Gesichtspunkten klassifiziert werden können.

Es soll hier versucht werden, die verschiedenen Kriterien für eine Klassifizierung von Netztypen aufzuzeigen:

a) Grad der Kopplung.
   Dieses Kriterium führt zu folgender Unterscheidung:
   - geringe Kopplung: Dies sind Systeme, die im allgemeinen unabhängig voneinander arbeiten, aber über die nötigen Kommunikationseinrichtungen verfügen, um Daten oder Programme austauschen zu können. Solche Systeme sind häufig über ein großes geographisches Gebiet verteilt und kommunizieren über öffentliche Transportnetze.

   - starke Kopplung: Dies sind meist lokale Netze, die verschiedene Systemkomponenten auf relativ engem Raum miteinander verbinden. Der Datenaustausch ist intensiver und erfordert Leitungen mit wesentlich höherer Übertragungskapazität als bei Netzen mit geringer Kopplung. Bei lokalen Netzen, die sich ausschließlich über den Privatgrund eines einzelnen Unternehmens erstrecken, können private Leitungen von der jeweils erforderlichen Kapazität verlegt werden.

b) Topologie.

Die Topologie eines Netzwerkes spiegelt häufig die Organisation des Betriebes wider, der ein Netzwerk betreibt. Die wichtigsten Typen sind in Fig. 4.1 zusammengefaßt. Den Typen A) - D) liegt prinzipiell eine zentrale Organisationsform zugrunde. Sie unterscheiden sich durch die Leitungsauslastung und die geographische Verteilung.

A) und B), Linie und Ring, sind Mehrpunktverbindungen. Die geographische Verteilung der Sekundärstationen ist derart, daß gegenüber einer sternförmigen Topologie stark an Leitungslänge gespart werden kann.

C) Ein einfacher Stern ist vor allem bei starker Auslastung jeder einzelnen Leitung zum Zentralrechner erforderlich.

D) In einem hierarchischen Stern werden Einzelleitungen von geringer Auslastung konzentriert, um eine ökonomische Leitungsausnutzung zu erzielen.

E) Ein Maschennetz hat kein eigentliches Netzwerkzentrum. Mehrere gleichberechtigte Rechner und Terminals sind über ein maschenförmiges Netz von Netzknoten und Leitungen miteinander verbunden.

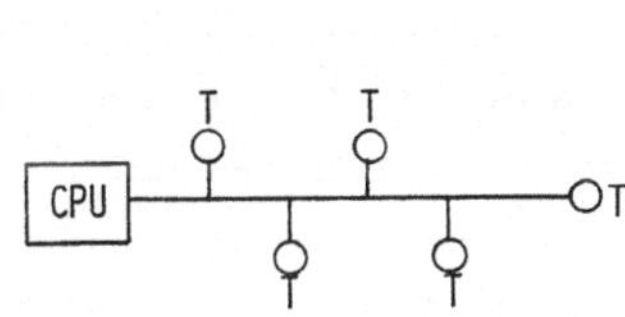

A) Linie

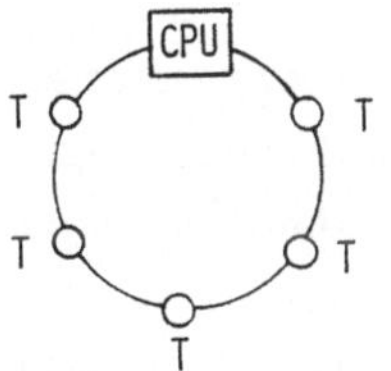

B) Ring

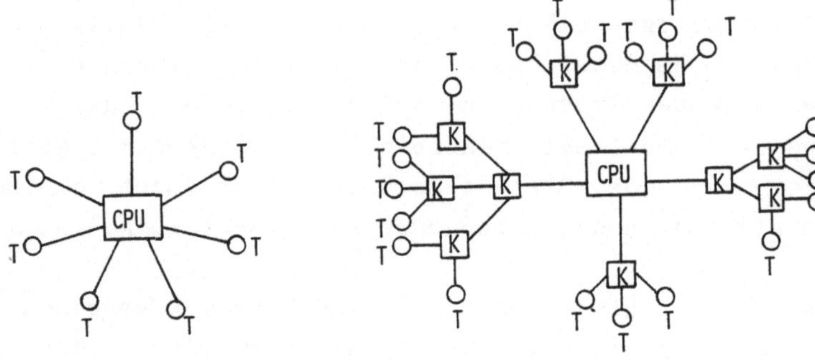

C) Einfacher Stern D) Hierarchischer Stern

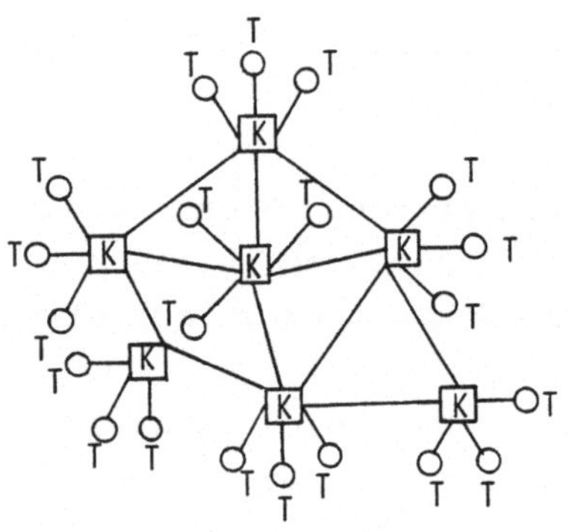

E) Maschennetz

CPU ... Zentralrechner, Zentrum des Netzwerkes in hierarchisch gegliederten Systemen

K ... Konzentratoren oder echte Netzknoten mit Schaltfunktion. Im Fall (E), Maschennetz, muß einer der Knoten auch die Netzwerkverwaltung innehaben.

T ... Endgeräte, meist Terminals, können aber auch Wirtrechner sein; insbesondere im Fall (E), Maschennetz, müssen mindestens eines oder mehrere der Endgeräte Wirtrechner sein, um echte Verarbeitungsfunktionen zu übernehmen.

Fig. 4.1 Netzwerktopologie

c) Vermittlungsarten.
Dieses Kriterium bezieht sich besonders auf das Transportnetz. Hier werden unterschieden:

- nichtspeichernde Netze:
Diese sind heute noch die am häufigsten verwendeten Typen. Sie besitzen eine Durchschaltevermittlung, d. h. es wird beim Aufbau der Verbindung zwischen zwei Endpunkten eine Leitung physisch durchgeschaltet (siehe Kap. 4.2).

- speichernde Netze:
Dabei wird nicht physisch auf der Leitung geschaltet, sondern die zu übertragenden Daten werden im Netzknoten empfangen, gespeichert und auf der entsprechenden Ausgangsleitung weitergegeben (siehe Kap. 4.3.1).

d) Private oder öffentliche Netzwerke.
- Private Netzwerke: Der Betreiber des Netzes ist ein einzelnes privates oder auch öffentliches Unternehmen, unter dessen alleinige Kompetenz die Planung des Netzes fällt und dessen einziger Benutzer es ist. Da bei solchen Unternehmen durch eine einheitliche Planung auch eine einheitliche oder zumindest kompatible Rechnerkonfiguration ausgewählt werden kann, sind für private Netzwerke die Netzwerkprodukte der jeweiligen Computerhersteller sehr geeignet.

Erwähnt seien hier IBM's Systems Network Architecture, DECNET von Digital Equipment, TRANSDATA von Siemens, HP's Distributed Systems Network und TELCON von Univac, um nur einige zu nennen. Sie wurden alle unabhängig voneinander entworfen und sind daher grundsätzlich nicht kompatibel zueinander. Die Möglichkeiten einer Kommunikation zwischen Systemen aus zwei unterschiedlichen Rechnernetzen sind daher praktisch so gut wie überhaupt nicht vorhanden.

Die Herstellernetze bestehen im wesentlichen aus betriebssystemabhängiger Kommunikationssoftware und herstellerspezifischen Kommunikationsprotokollen, die lediglich auf der physikalischen Ebene Schnittstellen zu öffentlichen Transportnetzen haben (z. B. V.24, X.21).

Erst in letzter Zeit beginnen die Hersteller, ihre Netzwerkarchitekturen internationalen Standardmodellen und -protokollen anzupassen (z. B. X.25, ISO-Modell: siehe Kap. 4.3).

- Öffentliche Netzwerke: Der Netzwerkbetreiber stellt ein Netz von Leitungen und Übertragungseinrichtungen zur Verfügung und bietet Dienstleistungen öffentlich an. Jeder, der über die erforderlichen technischen Einrichtungen verfügt, kann einen Anschluß mieten und die Dienstleistungen in Anspruch nehmen. Man spricht in diesem Fall von "offenen Systemen".

Da meist nicht vorhersehbar ist, welche Rechnerkonfiguration einschließlich Terminals die Kunden des Netzwerkes haben werden, treten unweigerlich Inkompatibilitäten auf. Diese Probleme haben zur Formung von Benutzergruppen und zur Entwicklung von Kommunikationsstandards geführt (siehe Kap. 4.3).

Was ist nun der Zweck eines offenen Systems?
Da ist zuerst die zwischenbetriebliche Kommunikation. In vielen Branchen ist ein Datenaustausch auch über die Grenzen eines Unternehmens hinweg notwendig. Banküberweisungen, Materialbestellungen in Produktionsbetrieben, Informationsaustausch zwischen Versicherungen sind nur einige Beispiele, bei denen Datenaustausch auch heute schon durchgeführt wird, meist aber über off-line erstellte Datenträger. Ein offenes Kommunikationssystem kann hier den Arbeitsablauf erheblich verkürzen, wobei die Probleme des Datenschutzes und die derzeit noch sehr hohen psychologischen Barrieren nicht übersehen werden dürfen.

Rascher dürften sich offene Systeme dort durchsetzen, wo Information oder Rechenleistung öffentlich angeboten wird, wo also Informationskonsumenten über ein öffentliches Netzwerk die angebotenen Dienste in Anspruch nehmen.

Zu den Informationsanbietern gehören die Betreiber von öffentlichen Datenbanken oder Rechenzentren, die Rechenleistung an beliebige Kunden verkaufen. Besonders im wissenschaftlichen Bereich gibt es auf der ganzen Welt bereits eine Fülle von Informationsdiensten.

4.1.2 Konzentrieren, Multiplexen, Schalten

Bisher haben wir uns mit Einzelleitungen befaßt. Unsere Betrachtungen haben sich also darauf beschränkt, die Verbindung zwischen zwei Endpunkten über eine Leitung isoliert zu sehen. In Netzwerken besteht jedoch eine Vielzahl von Endpunkten, die über mehrere Leitungen miteinander verbunden sind. Um alle denkbaren Verbindungen zwischen den verschiedenen Endpunkten zu ermöglichen, müssen auf den Leitungen die Prinzipien des

- Konzentrierens
- Multiplexens
- Schaltens

angewendet werden.

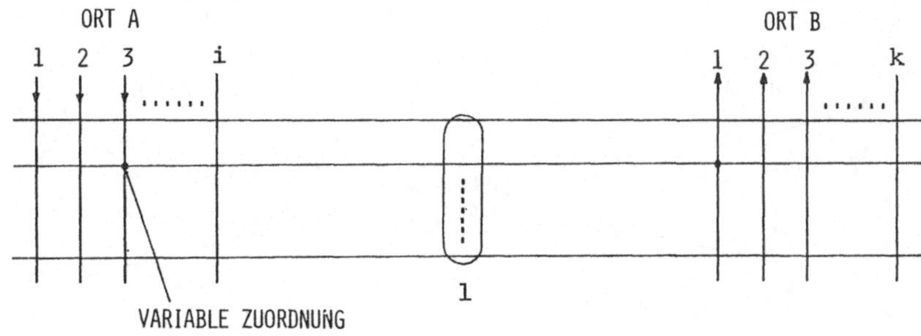

Fig. 4.2 Schalten

Der Begriff des Schaltens wurde schon in 2.2.2 (Geschaltete Punkt-zu-Punkt-Verbindung) erwähnt. Man versteht darunter eine temporäre Zuordnung zweier Endpunkte für die Zeit der Gesprächsdauer.

Innerhalb des Begriffes "Schalten" unterscheidet man:

- volle Vermittlung:
  Dies ist der Idealfall, wenn $l = \min(i,k)$, d.h. jede gewünschte Verbindung kann jederzeit hergestellt werden, es sei denn, der gewünschte Teilnehmer ist selbst besetzt.

- Nebenstellenvermittlung: $l \ll \min(i,k)$
  Nur eine geringe Anzahl von Teilnehmern in A und B können gleichzeitig miteinander in Verbindung treten (z.B. viele Nebenstellen, aber wenige Anschlüsse). Im Extremfall kann $l=1$ sein. Wenn l klein ist, entsteht ein Wettbewerb der Endstellen.

Wenn die Distanz von A nach B sehr groß ist, dann ist es meist nicht sehr ökonomisch, l separate Leitungen zu legen. Mittels eines Konzentrators werden die Signale der einzelnen Endstellen auf einer Leitung höherer Kapazität konzentriert, um gebündelt übertragen zu werden. Im Ort B müssen die Signale freilich wieder den entsprechenden Endstellen zugeordnet werden.

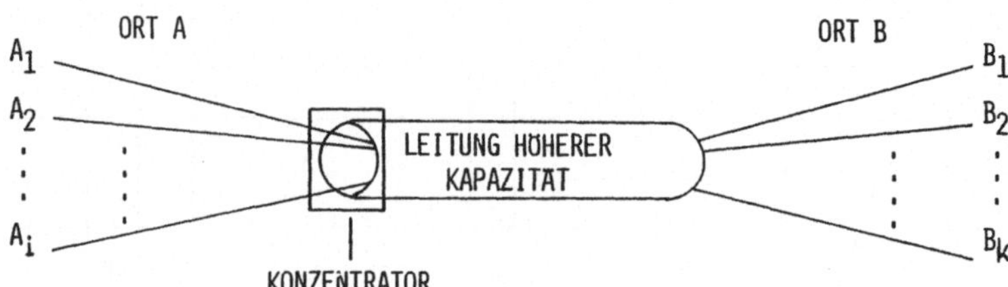

Fig. 4.3 Konzentrieren

Das Konzentrieren kann mit dem Schalten nun derart verbunden werden, daß der Konzentrator zwar i Eingänge (für A_1 - A_i) besitzt, jedoch nur die l bestehenden Verbindungen konzentriert werden.

Die physischen Methoden, mehrere Übertragungskanäle "gleichzeitig" über eine Leitung hoher Bandbreite zu übertragen, nennt man Multiplexen. Es werden im wesentlichen drei MUX-Methoden verwendet:

1. FDM (Fequency Division Multiplexing)
   (Frequenz-Multiplexen)
2. TDM synchron (Time Division Multiplexing)
   (Zeit-Multiplexen)
3. TDM asynchron.

In Fig. 4.4 werden diese Methoden miteinander verglichen, wobei ////////, XXXXXXX verschiedene Einzelverbindungen darstellen.

Für FDM und synchrones TDM gilt außerdem, daß der Wettbewerb nur beim Verbindungsaufbau existiert; eine Speicherung der Nachrichten ist nicht nötig. FDM und synchrones TDM eignen sich gut für langdauernde Übertragungen, wie z.B. Datenübertragungen oder Telefongespräche von Mensch zu Mensch, während asynchrones TDM beim Terminalbetrieb besonders geeignet ist, wo kurze Nachrichten schnell übertragen werden sollen, dazwischen jedoch lange Pausen entstehen.

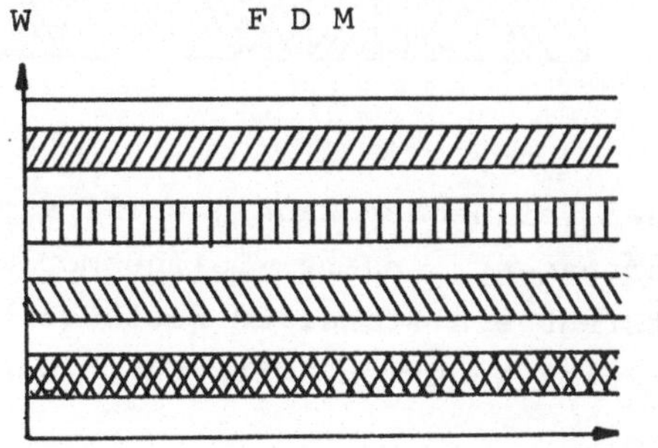

Fig. 4.4a) Das Basisband wird auf höhere Frequenzen moduliert und so die gesamte Bandbreite unter den Teilnehmehrn aufgeteilt. Die Übertragung geschieht echt gleichzeitig.

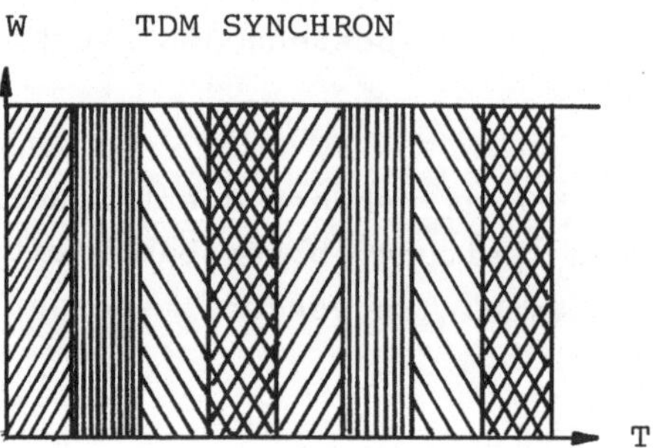

Fig. 4.4b) Jedem Teilnehmer steht für ein kurzes Zeitintervall die gesamte Bandbreite zur Verfügung. Die Intervalle sind regelmäßig, daher braucht die Adresse nur beim Verbindungsaufbau mitgeführt zu werden, da die Teilnehmer aufgrund der Zeitintervalle identifiziert werden können.

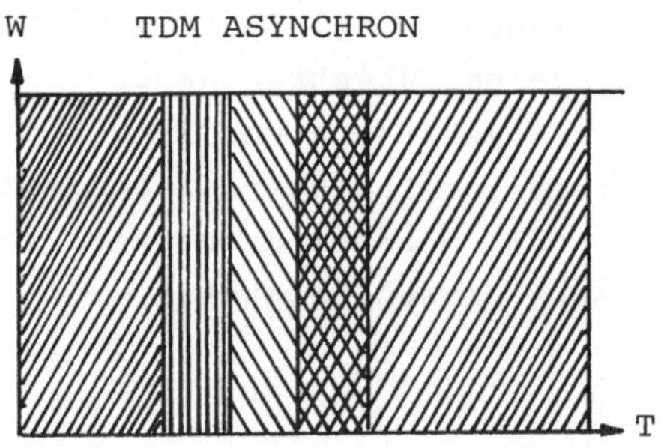

Fig. 4.4c) Jeder Teilnehmer kann jeweils eine ganze Nachricht übertragen. Andere Teilnehmer müssen warten. Es entsteht ein ständiger Wettbewerb. Die Adresse muß für jede Nachricht mitgeführt werden.

W ... Bandbreite

T ... Zeit

Fig. 4.4 Multiplexen

Zur Veranschaulichung der Begriffe soll Fig. 4.5 dienen. Sie stellt eine größere Zahl von Eingangsleitungen dar, die mittels eines Schalters auf eine Übertragungsleitung konzentriert werden.

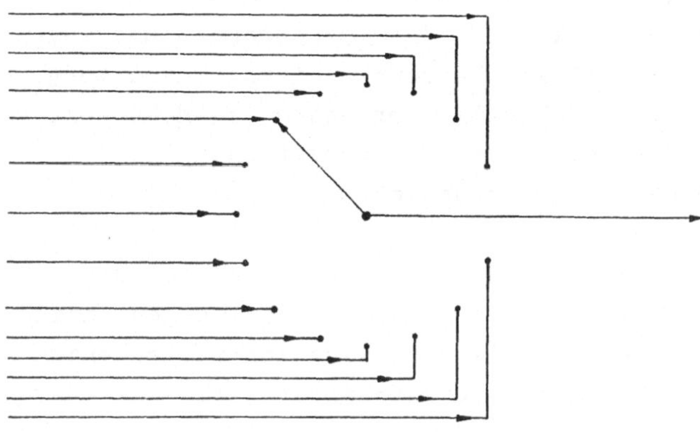

Fig. 4.5 Schematische Veranschaulichung eines Schalters

a) Regelmäßiges Weiterschalten: TDM synchron. Es ist keine Adresse nötig, aber Synchronisierung mit dem Verteiler am anderen Ende.

b) Unregelmäßiges Weiterschalten: TDM asynchron. Adresse ist nötig. Ein Schritt pro Paket oder Nachricht.

c) Unregelmäßiges Weiterschalten mit einem Schritt pro Gespräch: Durchschaltevermittlung. Adresse ist bei Verbindungsaufbau nötig.

Eine moderne Variante eines asynchronen TDM ist ein "statistischer Multiplexer". Ein Mikroprozessor speichert die ankommenden Nachrichten in Puffern, einem Puffer pro Input Kanal. Für jeden Übertragungszyklus werden Datenblöcke aus denjenigen Eingangs-Puffern ausgewählt, wo momentan die meisten Daten anfallen.

Stark frequentierte Eingangskanäle werden daher gegenüber schwach ausgenützten bevorzugt. Ein Steuerfeld zur richtigen Verteilung der Datenblöcke am anderen Ende muß zu Beginn jedes Zyklus mitübertragen werden. Die heutzutage schon sehr billigen Mikroprozessoren erlauben diese gegenüber den vorhin beschriebenen Methoden des synchronen und asynchronen TDM größere Flexibilität, bessere Leitungsausnutzung und Fehlerkontrolle. Einige Modelle verwenden ein HDLC-ähnliches Protokoll zur Steuerung der Datenübertragung und Aufteilung auf die einzelnen Ausgangskanäle.

Man spricht von "Bündeln", wenn von vielen engen Kanälen auf einen weiten geschaltet wird, der alle engen Kanäle aufnehmen kann, vom "Konzentrieren", wenn von vielen engen auf wenige (oder einen) enge Kanäle geschaltet wird.

Literatur zu Kap. 4.1 ist in folgenden Büchern zu finden: /Boch 79/, /Cyps 78/, /Davi 73/, /Davi 79/, /Holl 75/, /Mart 69/, /Mart 72a/, /Mart 77/, /Schn 78/, /Schw 77/. Zu den Netzwerkarchitekturen der Computerhersteller sei auf /CDC 79/, /Corr 79/, /Siem 77/, /Univ 79/, /Weck 79/ hingewiesen, außerdem zu öffentlichen Netzwerken auf /DBP 79/, /Gree 80/, /Hals 79/.

4.2 Datentransport auf nichtspeichernden Netzen

Durchschaltenetze sind, wie das Beispiel des Telefonnetzes zeigt, weit verbreitet. Die wichtigsten davon sind

- das Telexnetz: Aufgrund der niedrigen Übertragungsgeschwindigkeit von nur 50 bit/sec findet es jedoch für Datenübertragung nur sehr geringe Verwendung.

- das Telefonnetz: Durch die enorme Dichte des Telefonnetzes läßt sich dieses auch in der Datenfernübertragung und zum Aufbau von Rechnernetzen im allgemeinen ohne bauliche Maßnahmen (Verlegen von Leitungen) benutzen. Obwohl ursprünglich nicht zur Datenübertragung aufgebaut, ist das Telefonnetz von der Übertragungsgeschwindigkeit her bei Anwendung von Modulationsverfahren recht gut hiefür geeignet.

- das Datexnetz: Dieses ist für 200 bit/sec im Jahr 1976 in der BRD in Betrieb genommen worden. Schon kurze Zeit später wurde die digitale Übertragungstechnik eingeführt. Seit 1979 ist Datex-L, das leitungsvermittelnde digitale Datenübertragungsnetz mit den Schnittstellen X.20 und X.21 mit Übertragungsgeschwindigkeiten bis 9600 bit/sec in Betrieb. Für Österreich ist Datex-L für 1981/82 vorgesehen. Ähnliche Netze gibt es noch in anderen Ländern Europas und der industrialisierten Welt. Aufgrund der digitalen Übertragungstechnik eignet sich Datex-L ganz besonders für die Datenübertragung.

Die folgenden Abschnitte beziehen sich im besonderen auf das Telefonnetz, das immer noch die größte Verbreitung bei der Datenübertragung hat. Wie in Kap. 2.2.3 bereits ausgeführt, sind für die Übertragung von digitalen Signalen im Telefonnetz Modems erforderlich, um diese an die Übertragungsleitung anzupassen.

Das Comité Consultatif International des Télégraphique et Téléphonique (CCITT) hat in einer Reihe von Empfehlungen standardisierte Schnittstellen für Modems festgelegt, die mit Geschwindigkeiten von 300 bit/sec - 9600 bit/sec arbeiten.

4.2.1 Standleitungen

Der einfachste Fall ist der, bei dem zwei Datenendeinrichtungen (z.B. ein zentraler Computer und ein Terminal) über eine Standleitung miteinander verbunden sind. Wie Fig. 4.6 zeigt, muß auf beiden Seiten ein Modem (mit einem Modulator-Teil und einem Demodulator-Teil) vorhanden sein.

Modems unterscheiden sich in vielerlei Hinsicht. Hier im Zusammenhang mit der einfachen Standleitung sei nur auf den Unterschied zwischen dem einfachen Basisbandmodem und komplizierteren Fernleitungsmodems hingewiesen:

Das Basisbandmodem verwendet ganz einfache Modulationsverfahren, die nur auf galvanischen Verbindungen angewendet werden können. Da solche von der Post nur im Ortsbereich zur Verfügung gestellt werden, kann auch das einfache und relativ billige Basisbandmodem nur im Ortsbereich verwendet werden. Auf Fernleitungen müssen wesentlich kompliziertere und teurere Modems, die mit völlig anderen Modulationsverfahren arbeiten, eingesetzt werden.

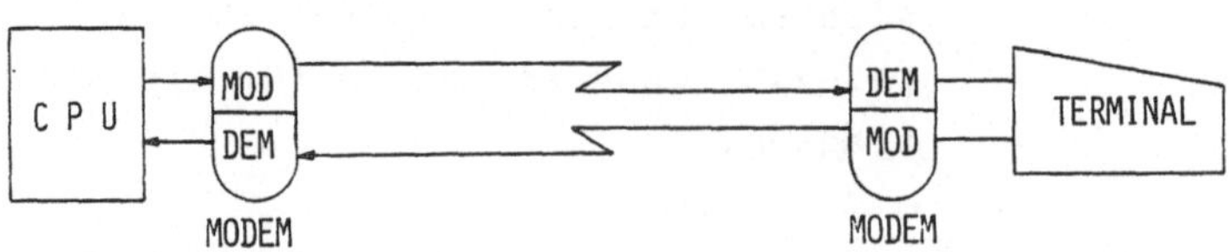

Fig. 4.6 Standleitung (Vollduplex) mit Modems

Fernleitungen sind meist 4-Draht (Vollduplex)-Leitungen. Bei 2-Draht-Leitungen muß die Übertragungsrichtung jeweils umgeschaltet werden.

Die Gebühren für Standleitungen hängen von der Übertragungskapazität und von der Leitungslänge ab. Für die genaue Berechnung gelten in den einzelnen Staaten unterschiedliche Bestimmungen.

Bei synchroner Übertragung können Geschwindigkeiten bis 9600 bit/sec, bei asynchroner Übertragung bis 1200 bit/sec erzielt werden.

4.2.2 Wählleitungen

Nicht immer erweist sich die Standleitung als die günstigste Verbindung zweier Endgeräte. Die Standleitung ist dann von Vorteil, wenn die Verbindung zwischen zwei Geräten unverändert bleibt und die Leitung in hohem Ausmaß ausgenützt wird. Die Alternative zur Standleitung ist die Wählleitung, wie sie vom öffentlichen Telefonnetz bekannt ist. Sie ist bei geringer Auslastung billiger (vgl. Fig. 4.7) und erlaubt Flexibilität beim Herstellen der Verbindung.

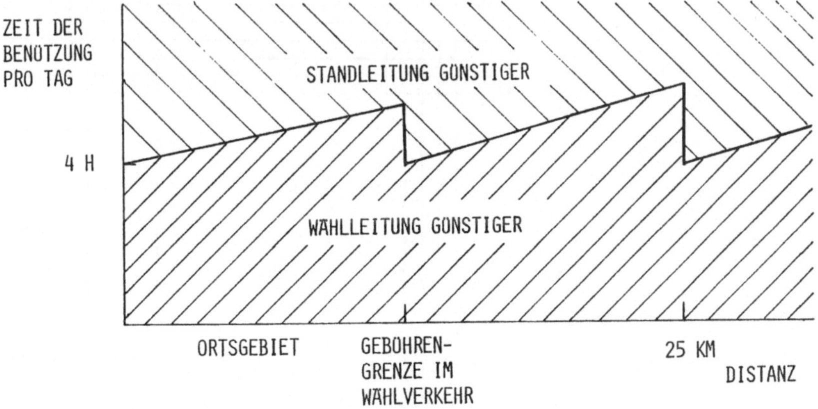

Fig. 4.7 Kostenvergleich Standleitung-Wählleitung
Gebühren für Wählleitung wie beim Sprechen

Auch hier ist ein Modem vor jedem Endgerät erforderlich, das in diesem Fall mit einer Wählvorrichtung verbunden ist (z.B. Telefon). Mittels der Wählvorrichtung kann prinzipiell jedes Gerät, das dem Netz angeschlossen ist, angewählt und auf diese Weise jede denkbare Verbindung im Netz hergestellt werden.

Die technische Durchführung des Verbindungsaufbaues auf der physischen Leitungsebene ist Angelegenheit der Post. Für den Benutzer ist nur wichtig, daß durch den Vorgang des Wählens eine physische Verbindung vom Anrufer zum Angerufenen hergestellt wird. (Genau wie beim normalen Telefonieren.) Diese Verbindung (Durchschalteverbindung) besteht so lange, bis sie von einem der Teilnehmer unterbrochen wird (Auflegen).

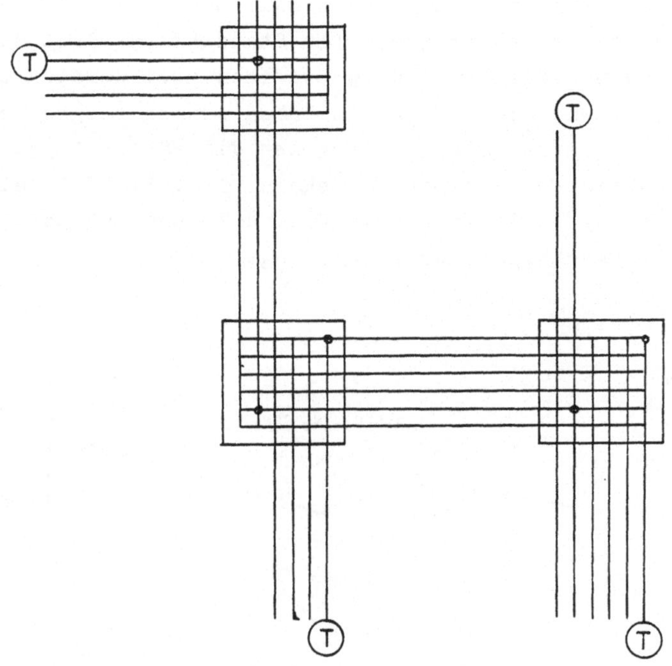

Fig. 4.8 Schema einer Durchschaltevermittlung

Um eine Verbindung sinnvoll zustandekommen zu lassen, müssen beide Teilnehmer dieselbe "Sprache" sprechen, d.h. dieselben Übertragungsprotokolle verstehen. Ob Standleitung oder Durchschalteverbindung, für den Benutzer besteht zum Zeitpunkt der Übertragung immer eine Einzelleitung. Protokolle wie in Kap. 3 beschrieben (z. B. HDLC) können daher hier angewendet werden.

Unter den Modems für Wählverbindungen gibt es verschiedene Ausführungen, solche, bei denen das Umschalten von Sprechverkehr auf Datenverkehr automatisch erfolgt (bei CPU-Anschlüssen), oder solche, bei denen manuell umgeschaltet werden muß (Terminal-Anschlüsse). Automatische Wähleinrichtungen sind ebenfalls möglich.

Eine für tragbare Terminals praktische Einrichtung ist der akustische Koppler, auf den der Hörer eines beliebigen Telefones aufgesetzt werden kann. Das Modem nimmt die Datensignale akustisch auf und wandelt sie in digitale Signale um (bzw. umgekehrt beim Senden von Daten). Die höchstmögliche Geschwindigkeit beträgt dabei jedoch nur 300 bit/sec (gegenüber 2400 bit/sec bei den vorher beschriebenen Modems).

Die Fernleitungen sind auch hier normalerweise 4-drähtig, jedoch die Anschlußleitungen des Teilnehmers 2-drähtig. Um nun trotzdem in beide Richtungen gleichzeitig übertragen zu können, bedient man sich eines Sekundärkanals (Fig. 4.9). Über den Hauptkanal werden die Daten in die eine Richtung gesendet, über den Sekundärkanal können gleichzeitig Bestätigungen in der Gegenrichtung übertragen werden, allerdings mit höchstens 150 bit/sec , was für einen Datenkanal meist zu langsam wäre. Man erspart sich dabei jedoch die Umschaltzeiten und erreicht dadurch eine effektivere Ausnützung des Hauptkanals.

Auch im Vollduplexbetrieb kann die Verwendung des Sekundärkanals vorteilhaft sein. Da die gesamte zur Verfügung stehende Bandbreite vom Hauptkanal ohnehin nicht ausgenützt wird, kann auch im Vollduplexbetrieb der Sekundärkanal für die Übertragung von Bestätigungen und eventuellen Steuerzeichen dienen, womit der Hauptkanal effektiver ausgenützt werden kann.

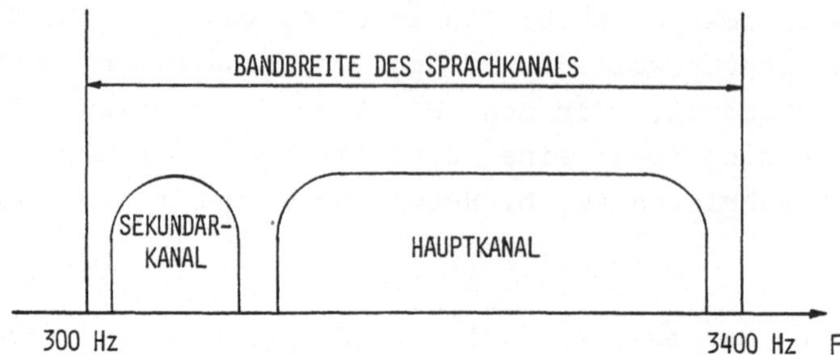

Fig. 4.9 Hauptkanal für Datenübertragung
Sekundärkanal für Bestätigungen

4.2.3 Multiport-Modems

Da auf Standleitungen bis zu 9600 bit/sec übertragen werden können, diese Kapazität oft aber gar nicht erforderlich ist, ist es oft wünschenswert, eine Standleitung unter mehreren Teilnehmern aufzuteilen. Dies wird durch ein "Multiport"-Modem erreicht (Fig. 4.10).

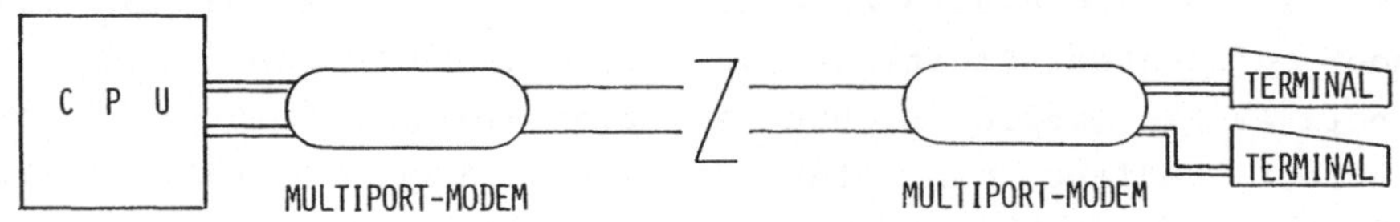

Fig. 4.10 Verwendung von Multiport-Modems

Multiport-Modems gibt es in verschiedenen Ausführungen (z. B. 2x2400 bit/sec , 4x2400 bit/sec). Zwei (bzw. vier) unabhängige Teilnehmer können dabei völlig unabhängig voneinander auf derselben Standleitung übertragen, was eine beträchtliche Ersparnis an Leitungskosten bedeutet, obwohl die Post bei einer derartigen Verwendung einen Aufschlag auf den Preis verrechnet.

Das Konzentrieren bzw. Aufteilen der Signale geschieht im Modem mittels eines Bitmultiplexers, d.h. die einzelnen Bits werden alternierend von den Eingangskanälen auf die Leitung geschickt und am anderen Ende genauso wieder aufgeteilt. Falls jedoch eines oder mehrere der unabhängigen Endgeräte mehr als 15 m vom Modem entfernt liegen, sind zusätzliche einfache Modems erforderlich. Eine Konfiguration wie in Fig. 4.11 gezeigt könnte dadurch sinnvoll werden.

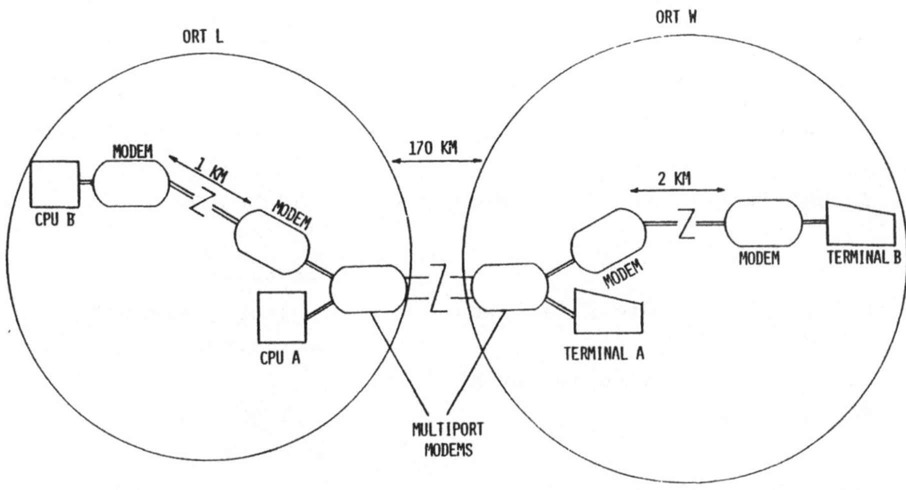

Fig. 4.11 Konfiguration unter Verwendung von Multiport-Modems

Natürlich sind Multiport-Modems wesentlich teurer als gewöhnliche Modems (ca. 3 mal). Als Beispiel zur Berechnung der Amortisationszeit sei eine Verbindung zwischen Wien und Linz (ca. 170 km) angenommen, auf der zwei unabhängige Teilnehmer übertragen wollen. Der Abstand zwischen den Teilnehmern sei mehr als 15 m, sodaß eine Topologie wie in Fig. 4.11 vorliegt.

1. Lösung mit getrennten Leitungen

Teilnehmer A:

je 1 Modem in Wien und Linz für 4800 bit/sec
á 16 000,-- = 32 000,-- *)

Anschaffungskosten für Modems	= 32 000,--
Leitungskosten mit 4-Draht-Anschluß	3 600,--/Monat

Teilnehmer B:

Anschaffungskosten für Modems wie A:	32 000,--
Leitungskosten wie A (+ 3 km)	3 690,--/Monat
Summe der Anschaffungskosten für Modems:	64 000,--
Summe der Leitungskosten:	7 290,--/Monat

---

*) Die angegebenen Zahlen entsprechen keinen echten Preisen; jedoch sind die Preisrelationen den Verhältnissen in Österreich entnommen. Die genauen Tarife sind den jeweiligen Posttariflisten zu entnehmen.

2. Lösung mit Multiport-Modems

Teilnehmer A und B gemeinsam:

```
je 1 Multiport-Modem in Wien und Linz
  für 9600 bit/sec       á 48 000,-- = 96 000,--
je 2 Modems in Wien und Linz zur
  Überbrückung der Entfernung von
  über 15 m              á  5 000,-- = 20 000,--
  (da für den Ortsbereich, genügt
  ein billigeres Basisbandmodem)
-------------------------------------------------------
Anschaffungskosten für Modems        = 116 000,--
                                       ==========
```

```
Leitungskosten:
Fernleitung wie Teilnehmer A
bei Lösung 1:                           3 600,--/Monat
3 km Verlängerung für B                    90,--/Monat
-------------------------------------------------------
Gesamte Leitungskosten                  3 690,--/Monat
                                       ==========
```

Bemerkung: Die Deutsche Bundespost gestattet ein solches Aufteilen einer Leitung nur, wenn die Benutzer demselben Unternehmen angehören. In Österreich wird ein Aufschlag von 25 % verrechnet, wenn dies nicht der Fall ist.

Differenz der beiden Lösungen:

Anschaffungspreis für Modems:

```
Lösung 1:   64 000,--
Lösung 2:  116 000,--
---------------------
Differenz: -52 000,--
=====================
```

Leitungskosten:

Lösung 1:	7 290,--/Monat
Lösung 2:	3 690,--/Monat
Differenz:	3 600,--/Monat

Dauer bis zur Amortisation von Lösung 2:

$$\frac{52000}{3600} = \text{ca. } 14{,}5 \text{ Monate}$$

(Zinsverluste wurden dabei nicht einberechnet.)

Überschlagsmäßig kann man also sagen, daß sich bei einer Entfernung von 170 km das Aufteilen der Leitung in knapp über 1 Jahr amortisiert. Bei Aufteilung auf vier Teilnehmer kann man sogar auf unter 1 Jahr kommen.

4.2.4 Multipointverbindungen

Diese wurden schon in 2.2.2 kurz angedeutet (Fig. 2.19). Modems müssen sich vor der Primärstation (meist CPU) und vor allen Sekundärstationen (Terminals) befinden.

Da letztlich alle Sekundärstationen an dieselbe Leitung angeschlossen sind, muß sichergestellt werden, daß zu jedem Zeitpunkt nur eine der Sekundärstionen überträgt. Bei der Übertragung von der Primärstation zu einer Sekundärstation muß daher auch immer die Adresse mitgeführt werden. Es besteht jedoch die Gefahr, daß auch die anderen Teilnehmer mithören können. Dies führt zur Verschlüsselung der Daten, die nur der richtige Empfänger entschlüsseln kann. Für die technische Durchführung gibt es zwei Möglichkeiten. Bei der einen geschieht die Aufteilung analog mittels eines Line Amplifiers und eines Line Receivers, wie in Fig. 4.12 dargestellt. Diese Geräte üben keine Multiplexfunktion aus. Das Signal wird an alle Ausgänge weitergegeben. Die Selektion geschieht erst bei der Empfangsstation selbst aufgrund der Adresse.

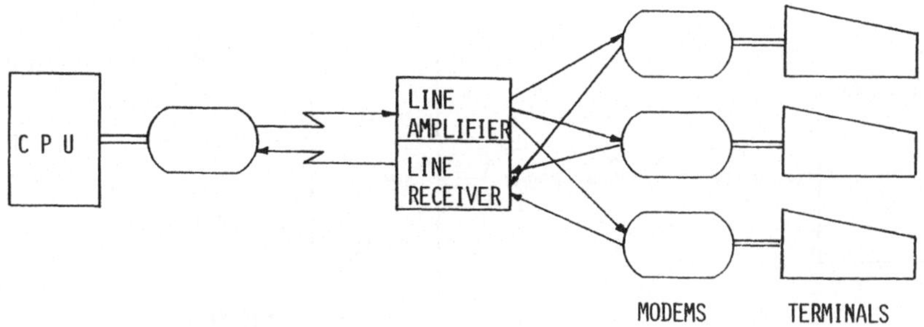

Fig. 4.12 Verwendung von Line Amplifiers und Line Receivers

Das Signal wird auf allen Verzweigungen in identischer Weise übertragen, es müssen daher auch sämtliche Modems identisch sein. Da zu jedem Zeitpunkt nur eine Station senden darf, müssen die Träger immer wieder ein- und ausgeschaltet werden, was eine Verzögerung von 8-50 ms bedeutet.

Da die Signale in den analogen Knoten in unterschiedliche Frequenzbereiche ohne Fehlerkontrolle auf- und abmoduliert werden müssen, ist diese Methode relativ stark fehleranfällig.

Eine Verbesserung kann durch die Verwendung eines "Modem Sharing Device" erzielt werden. Dies ist eine digitale Zwischenstufe zur Aufteilung der Verbindungen. Die Konfiguration ist in Fig. 4.13 dargestellt.

In der digitalen Zwischenstufe wird das Signal vollständig regeneriert, Fehler werden erkannt und nicht weitergegeben. Die Aufteilung läßt sich besser als mit dem analogen Knoten durchführen. Das Ein- und Ausschalten der Träger ist nicht notwendig, außerdem können auch verschiedene Modems verwendet werden, nur die Geschwindigkeiten müssen übereinstimmen. Eine Multiplexfunktion ist aber auch hier nicht gegeben, ein Mithören aller Stationen daher möglich.

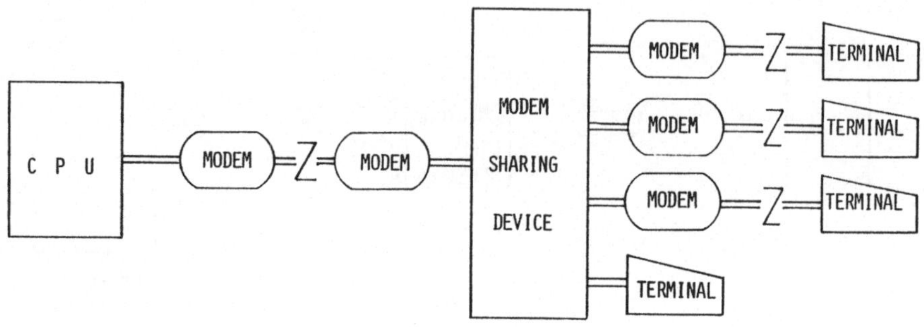

Fig. 4.13 Verwendung eines Modem Sharing Device

Eine noch bessere Möglichkeit zur Konzentrierung und Aufteilung bietet der Time Division Multiplexer. Die Funktionsweise des TDM wurde schon in Kap. 4.1 beschrieben. Da der Multiplexer ein digitales Gerät ist, müssen auf beiden Seiten Modems für die Übertragung oder digitale Geräte, also Terminals oder Zentralrechner angeschlossen sein. Im Prinzip können mittels Multiplexer beliebige komplexe Netze zusammengestellt werden, vorausgesetzt, daß die Summe der Leitungs- bzw. Modemgeschwindigkeiten auf beiden Seiten des Multiplexers gleich ist.

4.2.5 Line Multiplexing

Dabei geschieht das Umgekehrte zum vorher beschriebenen Aufteilen der Leitung auf mehrere Teilnehmer. Will man nämlich mit besonders hoher Kapazität (über 9600 bit/sec) zwischen zwei Endpunkten übertragen, so erhöhen sich die Leitungskosten unverhältnismäßig stark. Eine 19200 bit/sec Leitung etwa ist ca. 12 mal so teuer wie eine mit 9600 bit/sec.

Aus diesem Grunde wird für so hohe Geschwindigkeiten der Lineplexer verwendet. Die Eingangsleitung mit sehr hoher Geschwindigkeit (z.B. 19200 bit/sec) wird mittels des Lineplexers auf mehrere Fernleitungen niedrigerer Geschwindigkeit (z.B. 2 x 9600) aufgeteilt. Am anderen Ende muß vor dem Endgerät wieder ein Lineplexer die verschiedenen Leitungen zusammenfassen. Im Beispielfall (Fig. 4.14) betragen die Leitungskosten nur das Doppelte einer Einzelleitung gegenüber dem 12-fachen ohne Verwendung des Lineplexers.

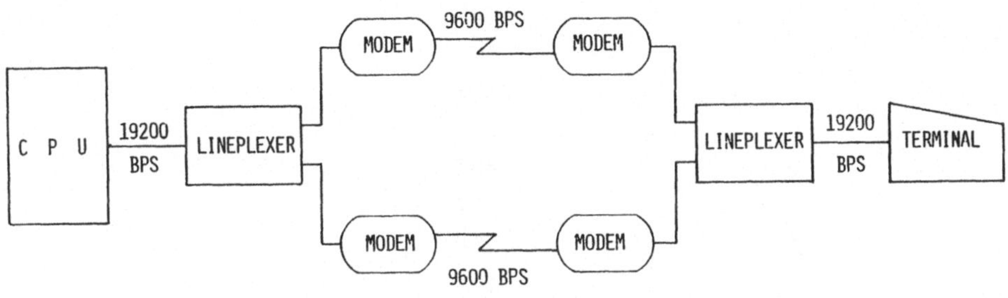

Fig. 4.14 Aufteilen der Gesamtkapazität auf mehrere Leitungen mittels Lineplexer

4.2.6 Netzwerkbeispiel

An Hand eines realen Beispiels sollen nun die wesentlichen Überlegungen aufgezeigt werden, die zum Entwurf eines Netzes führen.

In einer Bank mit 23 Zweigstellen wird folgende Tabelle von Bearbeitungsfällen aufgrund von Erfahrungswerten vorgegeben:

Zweigstelle	durchschnittliche Bearbeitungsfälle/Tag
A	367
B	376
C	597
D	172
E	683
F	359
G	196
H	105

Zweigstelle	durchschnittliche Bearbeitungsfälle/Tag
I	185
J	865
K	341
L	152
M	330
N	506
O	239
P	339
Q	323
R	379
S	274
T	191
U	145
V	740
W	243

Die "Bearbeitungsfälle" sind folgendermaßen zu verstehen:

1 Bearbeitungsfall = 3 Transaktionen (durchschnittlich)
1 Transaktion = 300 Zeichen Eingabe
1500 Zeichen Ausgabe

Da der Betrieb 5 Stunden/Tag ständig gewährleistet sein muß, kommt die Verwendung von Standleitungen in Betracht. Da man an das Leitungsangebot der Post über die diversen Hauptämter gebunden ist, ist die Topologie des Netzes praktisch vorgegeben, so wie in Fig. 4.15 angeführt.

Fig. 4.15 enthält außerdem die Entfernungen der Einzelleitungen von den Außenstellen zu den Konzentratoren bzw. Aufteilungsknoten sowie die Länge der Stammleitungen von den Knoten zur Zentrale.

Diese Topologie ist das typische Beispiel für eine Mehrpunktverbindung. Aus Kostengründen wurde in diesem Fall die Variante des analogen Aufteilungsknotens (Fig. 4.12) gewählt.

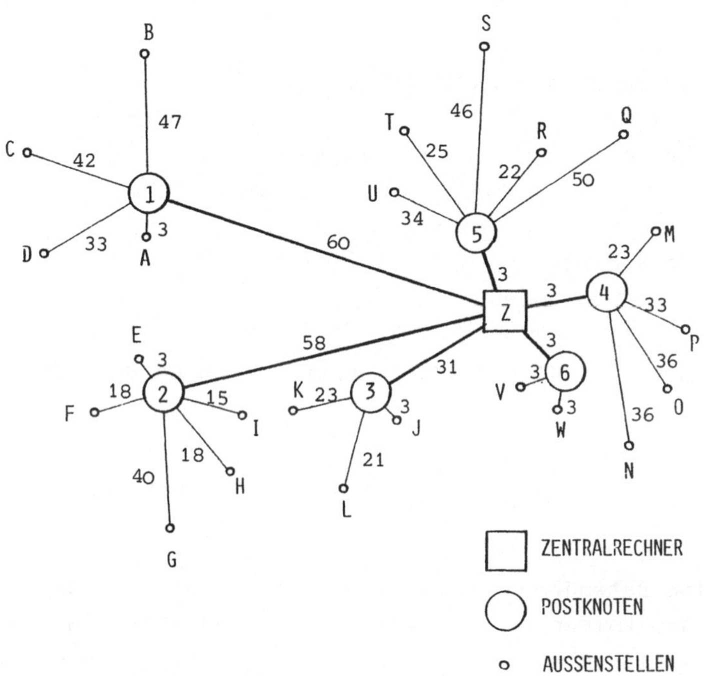

Fig. 4.15 Netztopologie

In Fig. 4.17 ist neben den Distanzen die Zahl der Bearbeitungsfälle eingetragen, die von jeder Außenstelle an die Zentrale in einem Zeitraum von 5 Stunden (= 1 Tag) übertragen werden müssen.

Unter der Annahme von 3 Transaktionen/Bearbeitungsfall wird nun auch für jede Stammleitung die Gesamtzahl der Transaktionen/Tag ausgewiesen.

Die Auslastung und die Antwortzeiten hängen nun sehr stark von der Leitungs- bzw. Modemkapazität ab. Zuerst wird der Versuch unternommen, mit 4800 bit/sec auszukommen, da dies sicher wesentlich billiger wäre. Die Berechnung braucht nur für die Stammleitung durchgeführt zu werden, da die Einzelanschlüsse ohnehin wesentlich geringer ausgelastet sind, aber identische Modems aufweisen müssen (vgl. Kap. 4.2.4).

Als Beispiel soll hier die Stammleitung 1 durchgerechnet werden:

Summe der Bearbeitungsfälle/Tag: 1512

1 Bearbeitungsfall = 3 Transaktionen

1 Transaktion: 300 Zeichen Eingabe } = 1800 Zeichen
1500 Zeichen Ausgabe

1 Zeichen = 8 bit

1 Tag = 5 Stunden

Die zu übertragenden bit/sec ergeben sich daraus wie folgt:

$$\frac{1512 \times 3 \times 1800 \times 8}{5 \times 3600} = 3628{,}8 \text{ bit/sec}$$

Die reine Datenübertragungsrate beträgt also etwa 3629 bit/sec. Dazu kommen allerdings noch Steuerzeichen wie Adresse, Polling-Zeichen etc. Auch die Umschaltzeiten der Modems, die für eine echte Datenübertragung verlorengehen (26 ms), müssen miteinbezogen werden und erhöhen damit die bit/Transaktion. Dieser Overhead beläuft sich erfahrungsgemäß auf ca. 15 %. Die effektive Übertragungsrate beträgt demnach

$$3628{,}8 + 3628{,}8 \times 15\,\% = 4173 \text{ bit/sec.}$$

Die effektive Übertragungszeit für eine Transaktion beträgt:

$$T = \frac{1800 \times 8 + 1800 \times 8 \times 15\,\% \text{ bit/Trans}}{4800 \qquad \text{bit/sec}} =$$

$$= 3{,}45 \text{ sec /Transaktion}$$

Die Auslastung wird als das Verhältnis der effektiven zur maximalen Übertragungsrate berechnet:

$$\rho = \frac{4173}{4800} = 0{,}869$$

Mittels der Übertragungszeit/Transaktion und der Auslastung kann nun die durchschnittliche Antwortzeit abgeschätzt werden. Dazu sind Methoden der Warteschlangentheorie erforderlich, auf die hier nicht näher eingegangen wird. Es sei hier nur die entsprechende Formel angegeben:

$$E(R) = E(T) \cdot \frac{\rho}{1-\rho}$$

E(R) ... mittlere Antwortzeit (response time)
E(T) ... mittlere Übertragungszeit (transmission time)
ρ ... Auslastungsfaktor ($0 \leq \rho \leq 1$)

Dieser Zusammenhang ist auch in Fig. 4.16 dargestellt. Für unser Beispiel kann E(R) wie folgt berechnet werden:

$$E(R) = 3{,}45 \text{ sec} \times \frac{0{,}869}{1-0{,}869} = 22{,}89 \text{ sec}$$

Klarerweise ist eine Antwortzeit von fast 23 Sekunden völlig untragbar. Für die Stammleitung 1 scheidet daher die Kapazität von 4800 bit/sec aus. Es muß auf eine Kapazität von 9600 bit/sec zurückgegriffen werden.

Die Berechnungen hierfür sind genauso durchzuführen. Zu beachten ist, daß die Umschaltzeiten für die Modems hier etwa 30 ms betragen, jedoch aufgrund der höheren Geschwindigkeit ein größerer Verlust für die reine Datenübertragung entsteht. Der Overhead beläuft sich in diesem Fall auf ca. 20 %. Die Berechnung der Antwortzeit bleibt dem Leser überlassen. Die Resultate für alle Stammleitungen sind in Fig. 4.17 zusammengefaßt.

Bei der endgültigen Auswahl ist es durchaus denkbar, für einige Knoten 9600 bit/sec, für andere 4800 bit/sec auszuwählen. So könnte man sich etwa mit der Antwortzeit von 4,2 sec. im Knoten 6 durchaus zufriedengeben. Es ist aber dabei zu bedenken, daß bei einer nur geringfügigen Erweiterung des Geschäftsvolumens die Antwortzeit rapid ansteigt und dann untragbar wird (siehe Fig. 4.16).

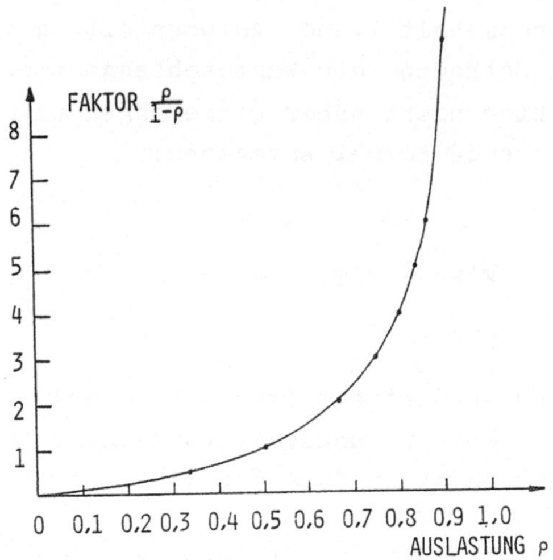

Fig. 4.16 Berechnung der Antwortzeit

An Literatur zu Kap. 4.2 ist im wesentlichen /Date 78/ anzugeben. Darüber hinaus findet sich zu diesem Kapitel Literatur in folgenden Büchern: /Doll 78/, /Klei 76/, /Krau 72/, /Mart 72a/,/Oett 74/, /Schw 77/.

Knoten Nr.	Standort Zweigstelle (Knoten)	Distanz Km	Fälle/ 5h	Trans./ 5h	4800 bps			9600 bps		
					Übertrag. rate bit/ sec.	Auslastung	Antwort-zeit	Übertrag. rate bit/sec.	Ausla-stung	Antwort-zeit
1	A	3	367		3450 ms /Trans.			1800 ms /Trans.		
	B	47	376							
	C	42	597							
	D	33	172							
	Stammleit. 1	60	1512	4536	4173	0,87	22,9 sec.	4354	0,45	1,5 sec.
2	E	3	683							
	F	18	359							
	G	40	196							
	H	18	105							
	I	15	185							
	Stammleit. 2	58	1526	4584	4217	0,88	24,4 sec.	4401	0,46	1,5 sec.
3	J	3	865							
	K	23	341							
	L	21	152							
	Stammleit. 3	31	1358	4074	3748	0,78	12,2	3911	0,41	1,2 sec.
4	M	23	330							
	N	36	506							
	O	36	239							
	P	33	339							
	Stammleit. 4	3	1414	4242	3903	0,81	15,0 sec.	4072	0,42	1,3 sec.
5	Q	50	323							
	R	22	379							
	S	46	274							
	T	25	191							
	U	34	145							
	Stammleit. 5	3	1312	3936	3621	0,75	10,6 sec.	3779	0,39	1,2 sec.
6	V	3	740							
	W	3	243							
	Stammleit. 6	3	983	2949	2713	0,57	4,5 sec.	2831	0,29	0,8 sec.

Fig. 4.17 Berechnung der Leitungsmiete, Auslastung und Antwortzeiten

4.3 Architektur von Rechnernetzwerken

4.3.1 Prinzip der Speichervermittlung

Der Ursprung ist in der Telegrafie-Vermittlung zu suchen. Denn hier wird nicht, wie beim Telefon, eine Leitung zwischen den beiden Endteilnehmern durchgeschaltet. Zumindest in den Anfängen der Telegrafie wurden Nachrichten in eine Vermittlungsstelle übertragen, dort auf einem Speichermedium (z.B. Lochstreifen) festgehalten und dann aufgrund der angegebenen Adresse an die nächste Vermittlungsstelle oder den Empfänger weitergegeben.

Ähnlich funktioniert das Prinzip der Speichervermittlung in Netzwerken. End-zu-End-Verbindungen werden nicht physisch durch Leitungsschalten erstellt, sondern nur logisch durch Zuordnung von Adressen in den Vermittlungsknoten.

Im deutschen Sprachraum wird ein solches System oft auch "Teilstreckenvermittlung", im englischen auch treffender "Store & forward" genannt.

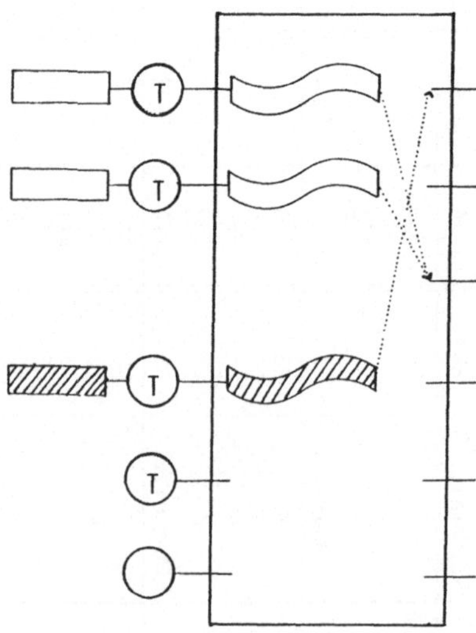

Fig. 4.18 Prinzip einer Teilstreckenvermittlung

Physisch besteht das Netzwerk aus einer Menge von Netzknoten, die aufgrund einer bestimmten Netztopologie durch direkte Leitungen miteinander verbunden sind. Der Netzknoten hat im wesentlichen die Aufgabe

- ankommende Nachrichten zu empfangen und zu speichern.
- auf formale Richtigkeit zu überprüfen.
- den Empfang der Nachricht dem sendenden Nachbarknoten positiv oder negativ zu bestätigen.
- die Nachricht aufgrund ihrer mitgeführten Zieladresse einer bestimmten Ausgangsleitung zuzuordnen und in deren Puffer zu speichern.
- die Nachricht an den Nachbarknoten weiterzuübertragen.
- den Pufferspeicher erst bei Erhalt einer positiven Bestätigung wieder freizugeben.

Die Leitung selbst verbindet also nur zwei Knoten. Sie werden von Nachrichten, die den verschiedensten logischen Verbindungen zugeordnet sind, quasi "gleichzeitig" beansprucht.

Als einfaches Beispiel sei die Netztopologie in Fig. 4.19 dargestellt.

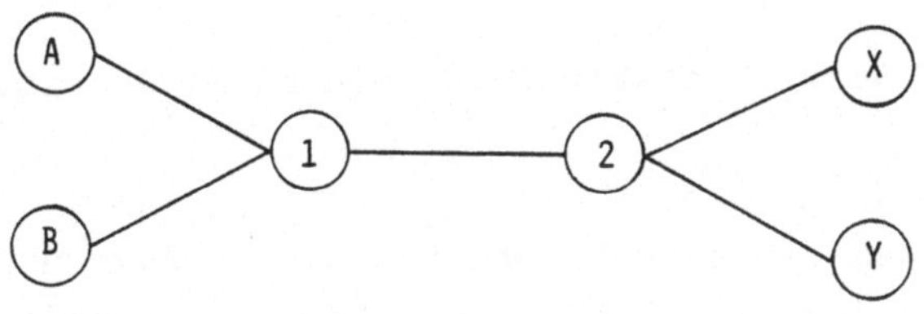

Fig. 4.19 Netztopologie

Die diversen Abläufe beim Übertragen je einer Botschaft von A ⟶ X bzw. von B ⟶ Y sind im Zeitdiagramm in Fig. 4.20 ausgeführt.

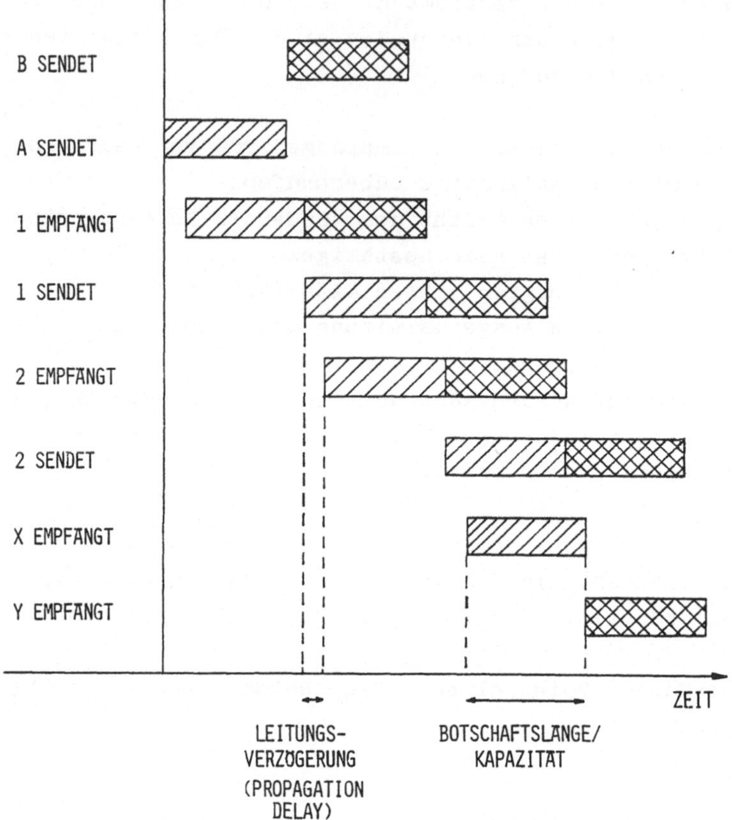

Fig. 4.20 Zeitablauf der einzelnen Schritte

Man sieht, daß die eigentliche Leitungsverzögerung (propagation delay), die Zeit, die jedes Zeichen benötigt, um von einem Knoten zum anderen zu gelangen, beinahe vernachlässigbar klein ist, während die Zeit, die sich aus Botschaftslänge (in bit)/Übertragungskapazität (in bit/sec) ergibt und die vor der Weitergabe der Botschaft abgewartet werden muß, den wesentlichen Zeitanteil ausmacht. Man kann auch erkennen, daß durch ein Unterteilen der Botschaften in kleinere unabhängige Pakete die gesamte zur Übertragung benötigte Zeit, die ja wesentlich von der Länge der einzelnen Pakete abhängt, stark reduziert und die Leitungen selbst überdies besser ausgenützt werden.

In diesen paketschaltenden Netzen werden am Eingang zum Netz die Botschaften in Pakete von normierter Länge unterteilt und mehr oder weniger unabhängig auf die oben angeführte Weise durch das Netz übertragen. Beim Zielknoten angekommen, werden die Botschaften wieder in ihrer ursprünglichen Form zusammengesetzt.

4.3.1.1 Prototyp ARPA

Der Prototyp eines paketschaltenden Netzwerkes ist das 1967 in den USA begonnene ARPA-Netz (Advanced Research Project Agency). Zu Beginn bestand es im wesentlichen aus zwei Teilen

- einer gewissen Anzahl von verschiedenen Datenverarbeitungsanlagen, genannt Host (deutsch: Wirtrechner)

- einem Kommunikationsnetz, bestehend aus paketschaltenden Netzknotenrechnern (IMPs = Interface Message Processors). die über 48000 bit/sec - Leitungen miteinander verbunden sind.

Jeder Wirtrechner (Host) ist direkt an ein IMP angeschlossen. Ein Wirtrechner kann prinzipiell ein beliebiges System sein, an dem Terminals angeschlossen sein können. Um den Anschluß von Terminals an das Netz auch ohne Wirtrechner zu ermöglichen, wurde im Jahre 1971 der TIP (Terminal Interface Processor) geschaffen, der die gleichen und darüber hinausgehende Funktionen besitzt wie ein IMP.

Fig. 4.21 gibt einen schematischen Überblick über die Struktur des ARPA-Netzes.

Dabei ist zu bemerken, daß als Wirtrechner eine Vielzahl von ganz unterschiedlichen Rechnern fungiert. Viele Rechner der PDP-Serie, aber auch eine Reihe von IBM 370, Burroughs, Hewlett-Packard und andere (insgesamt über 100 Wirtrechner und noch mehr Terminals) sind an das ARPA-Netz angeschlossen.

Während die Netzwerkarchitektur der einzelnen Computerhersteller geschlossene Systeme für einen bestimmten Benutzerkreis mit Geräten ein und desselben Herstellers darstellen, ist das ARPA-Netz ein offenes System. Das heißt, daß vom technischen Standpunkt aus beliebige Rechner und Terminals an das Netz angeschlossen werden können, soferne sie nur über die standardisierten Schnittstellen verfügen.

Die Übertragung von Nachrichten wird von einer Hierarchie von Protokollen gesteuert. Mittels dieser Protokolle werden Nachrichten zuerst vom Wirtrechner zum zugehörigen IMP übertragen. Dort wird jede Nachricht in Pakete von einer Höchstlänge von 1000 bit unterteilt.

Mit einer Zieladresse versehen, wird nun jedes Paket aufgrund eines Routing-Algorithmus, der den raschesten Weg zum Ziel-IMP errechnet, von IMP zu IMP weitergegeben, bis der Zielknoten erreicht ist.

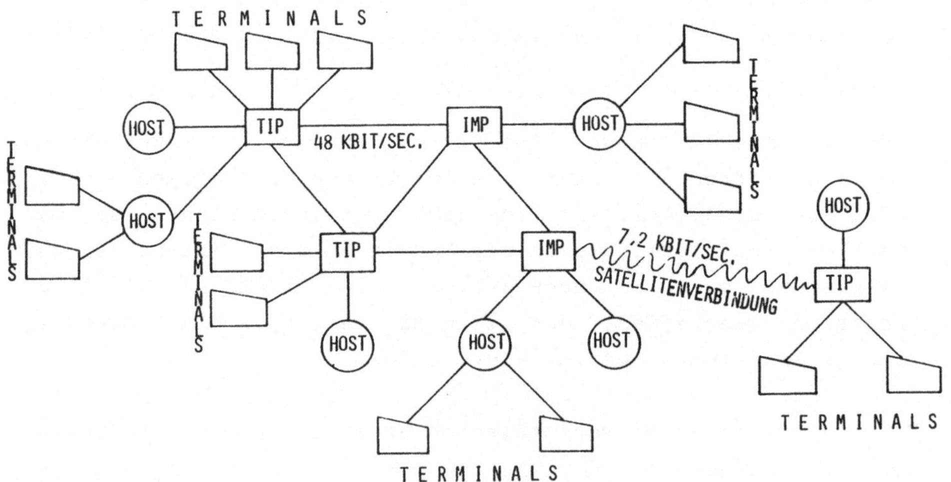

Fig. 4.21 ARPA-Struktur

Zwischen den IMPs werden für jedes Paket ähnlich wie im HDLC-Protokoll (vgl. Kap. 3.2) Bestätigungen ausgetauscht, um die korrekte Übertragung zu garantieren.

Wenn alle Pakete einer Nachricht korrekt am Ziel-IMP angekommen sind, wird die gesamte Nachricht dem Ziel-Wirtrechner übergeben und außerdem eine "End-zu-End"-Bestätigung zu dem Wirtrechner, von dem die Nachricht ausgegangen ist, zurückgesendet (RFNM = Ready For Next Message). Erst nach Erhalt des RFNM kann der Wirtrechner mit der Übertragung einer neuen Nachricht beginnen (vgl. HDLC mit Window - Größe = 1). Dies dient neben der Korrektheitsgarantie auch der Flußmengensteuerung. Es soll dadurch vermieden werden, daß durch das Abschicken von immer neuen Nachrichten die Leitungen überlastet werden.

Der eben beschriebene Ablauf ist in Fig. 4.22 anschaulich dargestellt.

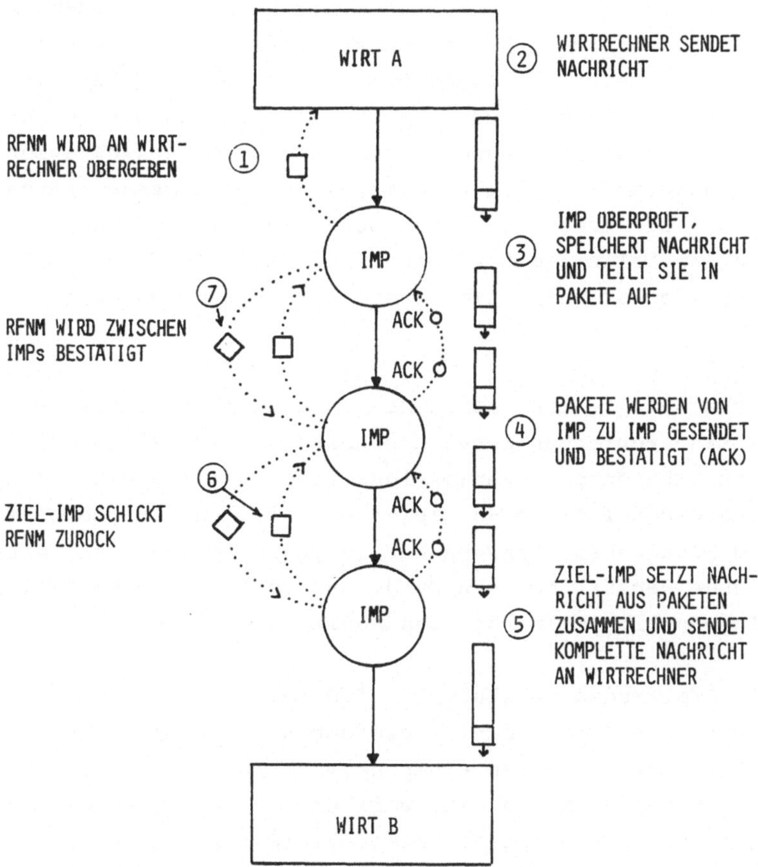

Fig. 4.22 Flußsteuerung im ARPA-Netz

4.3.1.2 Hierarchischer Schalenbau

Aus der Flußsteuerung im ARPA-Netz läßt sich bereits die Andeutung einer hierarchischen Struktur erkennen. Die zwischen zwei IMPs übertragenen Pakete müssen in der Gegenrichtung bestätigt werden, ohne daß dabei der Inhalt der Pakete, ja nicht einmal der Ursprungs- oder der Zielknoten irgend eine Rolle spielte.

Völlig abgesetzt davon, auf einem übergeordneten Niveau spielt sich die "End-zu-End"-Flußsteuerung ab, die mittels RFNM zwischen zwei Wirtrechnern abgewickelt wird, ohne sich in irgendeiner Weise auf die Übertragung über die dazwischenliegenden IMPs zu beziehen.

Darüber hinaus geht es ja nicht nur um die Übertragung von Daten zwischen zwei Wirtrechnern oder einem Terminal und einem Wirtrechner. In einem offenen System, in das prinzipiell beliebige Rechner und Endgeräte einbezogen werden können, muß auch vorgesorgt werden, daß in der Empfängerstation ein wohldefinierter Prozeß bereit ist, die übertragenen Daten anzunehmen, zu verstehen, auch wenn sie von einem Gerät eines anderen Herstellers mit unterschiedlicher Hard- und Softwarestruktur kommen, und entsprechend den Anforderungen zu verarbeiten.

Das oben Gesagte läßt schon die Notwendigkeit einer größeren Anzahl hierarchischer Schalen erahnen. Innerhalb der Internationalen Standard Organisation (ISO) hat man die Bedeutung von Standarddefinitionen hiefür erkannt, um einerseits einen solchen Schalenbau überschaubar zu gestalten, andererseits es sämtlichen Herstellern von Hard- und Software zu ermöglichen, sich international anerkannten Normen anzupassen.

Das im folgenden erläuterte ISO-Modell stellt daher keine naturgegebenen Axiome dar. Viele der heute bestehenden Paketvermittlungsnetze haben einen anderen Aufbau. Das ISO-Modell wird deshalb hier bevorzugt, weil es sich als internationaler Standard durchzusetzen scheint. Viele Anregungen wurden aus dem ARPA-Netz entnommen, aber man versuchte auch bewußt, klarere Strukturen zu schaffen, als dies bei einem Prototyp wie ARPA möglich war.

Bei der Entwicklung des ISO-Modells ging man von der Idee eines offenen Systems aus. Man wollte ein Modell schaffen, das aufbauend auf öffentlichen Datennetzen die Kommunikation zwischen beliebigen Rechnern und Terminals ermöglicht. Die Errichtung von öffentlichen Paketvermittlungsnetzen stellt die Basis für die Realisierung von offenen Systemen dar.

Das Architekturmodell für offene Systeme von ISO sollte die gesamte Hierarchie von der Kommunikation zwischen Anwendungsprozessen bis hinunter zur Datenübertragung auf Leitungen umfassen. Das diesen Überlegungen zugrundeliegende Schichtenmodell läßt sich folgendermaßen charakterisieren:

In der obersten Schicht, der Anwendungsschicht (application layer), treten zwei Prozesse (entities) in Kommunikation. Sie bedienen sich dabei des darunter liegenden Kommunikationssystems, das durch weitere Schichten, von denen jede ganz bestimmte Funktionen zu erfüllen hat, bis hinunter zum physischen Übertragungsmedium hierarchisch aufgebaut ist. Die Beziehungen zwischen entities der gleichen Schicht werden Protokolle genannt.

Durch den hierarchischen Aufbau und die klare Trennung der Schichten voneinander wird eine Modularisierung erreicht, die etwa in Schicht (n) verschiedenartige Realisierungen ermöglicht, ohne daß Schicht (n+1) davon betroffen wäre, solange nur die Schnittstellen zwischen den Schichten gleich bleiben.

Mit Ausnahme der untersten Schicht bedient sich jede Schicht (n) der Dienste der Schicht (n-1), führt eigene Funktionen durch und bietet der Schicht (n+1) wiederum Dienste an.

Hauptkriterium für die konkrete Bildung von Schichten im Architekturmodell ist es, eng zusammengehörige Funktionen in einer Schicht zusammenzufassen und Funktionen, die nicht unmittelbar voneinander abhängen, in getrennte Schichten zu legen.

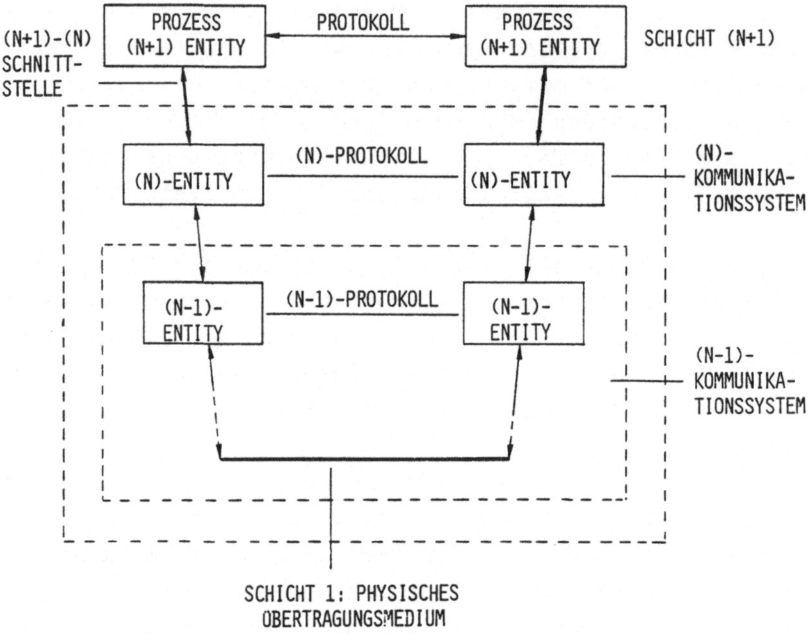

Fig. 4.23 Schichtenarchitektur

Diese Kriterien führten zur ersten Unterteilung in

- Transportsystem und
- Anwendersystem.

Das Transportsystem dient, wie der Name schon sagt, dazu, Nachrichten von einem Ort an einen anderen, von einem Wirtrechner oder Terminal zu einem anderen Endgerät zu transportieren, ohne dabei die Daten selbst zu beachten und deren Verarbeitung zu beeinflussen.

Das Anwendersystem wiederum setzt den erfolgreichen Transport der Daten voraus. Es behandelt ausschließlich die Kommunikation zwischen Prozessen, deren Datenstrukturen und die Verarbeitung der Daten durch die Prozesse. Ob die Prozesse über ein öffentliches oder privates Netzwerk, über eine Datenfernleitung oder über eine Kanalverbindung zwischen zwei Prozessoren kommunizieren, ist für das Anwendersystem belanglos.

Innerhalb dieser beiden Systeme werden noch weitere Abstufungen vorgenommen, sodaß das vorliegende ISO-Modell aus 7 Ebenen besteht, vier im Transportsystem, drei im Anwendersystem. Sie sind in Fig. 4.24 zusammengefaßt.

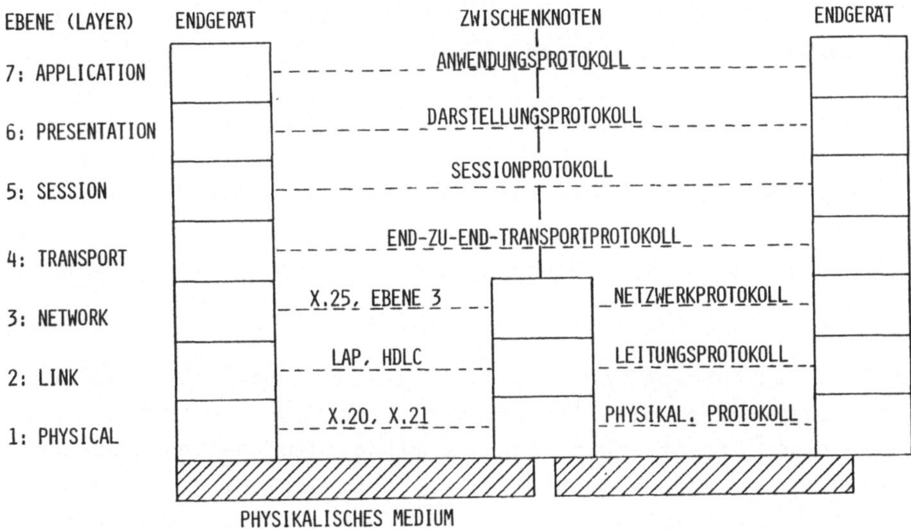

Fig. 4.24 Das ISO-Referenzmodell für offene Systeme

Allgemeine Literatur zu Kap. 4.3.1 ist in folgenden Büchern zu finden: /Abra 73/, /Boch 79/, /Cyps 78/, /Davi 73/, /Davi 79/, /Holl 75/, /Klei 76/, /McQu 78/, /Schn 78/, /Schw 77/.

Weitere Literatur zu Paketvermittlungsnetzen sowie zur Normierungsproblematik von Protokollen ist zu finden in: /Burk 81/, /Gree 80/, /Hein 78/, /ISO 80a/, /McQu 77/, /Schi 80/, /Suns 75/, /Weck 79/, /Zimm 81/.

4.3.2 Das Transportsystem

Die vier Ebenen (engl. Layers) des Transportsystems sind:

1: Physical Layer
2: Link Layer
3: Network Layer
4: Transport Layer

Da es noch keine einheitlichen deutschen Bezeichnungen gibt, werden hier die englischen verwendet.

Während das ISO-Modell Richtlinien für die Funktionen in den einzelnen Ebenen aufstellt, werden daneben auch konkrete Protokolle im Einklang mit dem ISO-Modell entwickelt. In einem Teilbereich des Transportsystems hat sich dabei die Schnittstelle X.25 als anerkannter Standard bereits durchgesetzt.

CCITT, das Internationale Consulativ-Committee für Telegraphie und Telephonie, ist bei der Definition von X.25 von der Idee eines öffentlichen paketvermittelnden Netzes ausgegangen, bei dem ähnlich wie im ARPA-Netz (vgl. Fig. 4.21) eine Reihe von Netzknoten (IMP bei ARPA, Data Circuit Terminating Equipment = DCE bei X.25) durch Leitungen oder andere Übertragungsmedien miteinander verbunden sind. An diese Knoten werden nun Datenendgeräte (Data Terminal Equipment=DTE), das sind Wirtrechner und Terminals, angeschlossen, und zwar können an ein DCE mehrere DTEs angeschlossen werden, nicht jedoch umgekehrt. CCITT hat sich dabei zum Unterschied vom allgemeinen ISO-Modell nur am Benutzer orientiert, der das Netzwerk als gegeben annimmt und nur sein eigenes DTE anschließen möchte. X.25 macht daher keinerlei Aussagen über die Vorgänge im Netz selbst, sondern definiert lediglich die Schnittstelle zwischen DTE und DCE. Das DTE, das sich gemäß dem X.25-Protokoll verhält, kann erwarten, daß sich auch das DCE, und damit das Netz an sich, korrekt nach X.25 verhält. Freilich wird eine Kommunikation mit dem Benutzer am anderen Ende nur dann zustandekommen, wenn auch er sich dem Protokoll anpaßt.

Die meisten öffentlichen Datennetze mit Paketvermittlung weisen heute die Schnittstelle X.25 auf. Genannt seien hier TELENET und TYMNET in den USA sowie DATAPAC in Canada.

In Europa sind es durchwegs die Postverwaltungen der einzelnen Staaten, die als Besitzer des Monopols für Datennetze verantwortlich sind. Eines der ersten war Frankreichs TRANSPAC. Inzwischen sind in den meisten Ländern der Europäischen Gemeinschaft Paketvermittlungsnetze in Betrieb. DATEX-P ist in Deutschland seit 1980 in Funktion. Für Österreich ist DATEX-P für 1982 geplant.

Als gesamteuropäisches Datennetz ist im Jahr 1980 EURONET in Betrieb genommen worden, ebenfalls ein öffentliches Netz mit X.25-Schnittstellen, das den innereuropäischen Datenaustausch ermöglicht. Ein typisches X.25-Netz ist in Fig. 4.25 zu sehen.

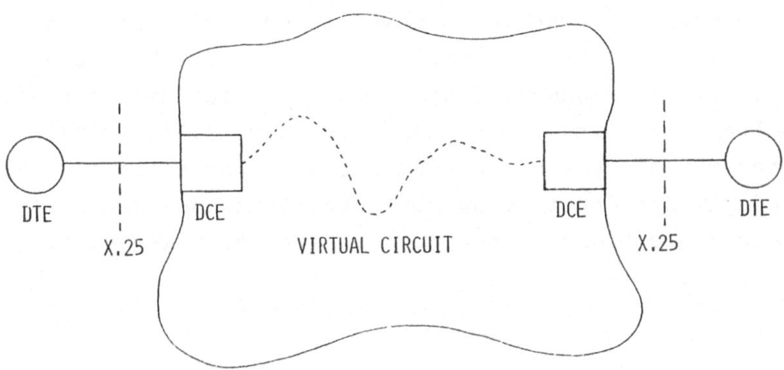

Fig. 4.25 Netzwerk aus der X.25-Sicht

Die Verbindung zwischen den beiden DCEs wird in X.25 nicht näher betrachtet, sondern nur logisch als existent angenommen. Sie wird "virtuelle Verbindung" oder auf englisch "virtual circuit" genannt. Von einer derartigen virtuellen Verbindung wird einzig und allein verlangt, daß die über die X.25-Schnittstelle ins Netz gelangenden Pakete über die X.25-

Schnittstelle beim Zielknoten unverändert und in der gleichen Reihenfolge das Netz wieder verlassen. Wie das geschieht, ist nicht relevant. An dieser Stelle endet auch der Definitionsbereich von X.25.

Zum Unterschied von der benutzerorientierten Schnittstelle wird im ISO-Modell sehr wohl eine Aussage über die inneren Vorgänge im Netz selbst gemacht. Dennoch bestehen starke Parallelen zwischen den ersten drei Stufen des Transportsystems nach ISO und den drei Stufen von X.25, insbesondere auf Ebene 1 und 2; dies veranlaßt uns, die Schnittstelle X.25 gemeinsam mit dem Aufbau des Transportsystems zu betrachten.

4.3.2.1 Physical Layer

Auf dem physikalischen Niveau werden die erforderlichen Eigenschaften der physikalischen Übertragungsmedien (elektrische Leitung, Richtfunk, optische Leitung etc.) definiert. Dazu gehören die Darstellungsweise der einzelnen Signale (vgl. Kap. 2.1), Schnittstellen wie V.24 für Fernsprechleitungen, diverse Modemschnittstellen, X.21 für synchrone Digitalleitungen. Dies wurde auch in Kap. 4.2 behandelt. Dem nächsten Niveau gegenüber werden der Aufbau einer physischen Verbindung, die Übertragung von Bitstrings und der Abbau der Verbindung als Dienstleistungen zur Verfügung gestellt.

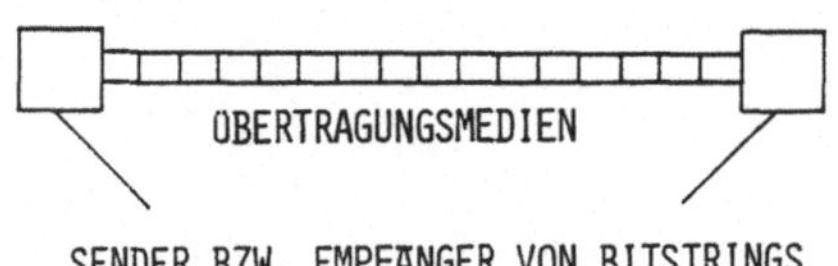

Fig. 4.26 Physikalische Ebene

Bei X.25, der normierten Schnittstelle zwischen DTE und DCE ist das Niveau 1 durch die Schnittstelle X.21, auf deren Details hier nicht eingegangen wird, standardisiert. Fig. 4.26

kann sowohl im Sinne von X.25 als Verbindung zwischen DTE und DCE als auch als Verbindung zwischen zwei Netzknoten innerhalb des Netzes aufgefaßt werden.

4.3.2.2 Link Layer

Der Link Layer sorgt für den zuverlässigen Datenaustausch zwischen zwei Geräten, die durch Übertragungsmedien der physikalischen Ebene miteinander verbunden sind. Innerhalb des Netzwerkes steuert das Protokoll des Link Layer die Übertragung von Paketen auf Einzelverbindungen zwischen zwei Netzknoten. Sämtliche Überlegungen in Kap. 3 (Steuerung auf Einzelleitung) treffen auf diese Ebene zu.

Aus der Sicht des ISO-Modells seien hier die Funktionen dieser Ebene nochmals kurz zusammengefaßt:

- Auf- und Abbau von Verbindungen zwischen zwei Geräten. Dazu gehört auch das Initialisieren von Zählern für die Flußsteuerung, das Bereitstellen von Puffern zur Zwischenspeicherung von unbestätigten Paketen, das Setzen von Uhren für Time-outs und ähnliches, wie es schon bei der Beschreibung des HDLC-Protokolls in Kap. 3.2 erwähnt wurde.

- Folgeprüfung: Die richtige Reihenfolge von Paketen muß überprüft und garantiert werden (vgl. N(S), N(R) in HDLC, Kap. 3.2).

- Flußsteuerung: Der in 3.2 beschriebene Window-Mechanismus eignet sich sehr gut dazu, Überlastungen auf einer Einzelverbindung einzuschränken.

- Fehlererkennung: Ein Mechanismus wie etwa die "Frame Checking Sequence" in HDLC dient der Erkennung von Übertragungsfehlern.

All diese Funktionen werden von Protokollen wie HDLC, DDCMP, LAP B in X.25 und anderen ausgeführt.

Da die Verbindung zwischen DTE und DCE in der X.25-Terminologie ebenfalls eine solche Einzelverbindung ist, lassen sich die vorangegangenen Überlegungen unmittelbar auf die Ebene 2 von X.25 übertragen. Das von CCITT standardisierte Protokoll heißt "Link Access Procedure, Balanced Mode" (LAP B) und entspricht großteils dem bereits ausführlich beschriebenen HDLC-Protokoll (Kap. 3.2). Die geringfügigen Unterschiede beziehen sich auf die Tatsache, daß HDLC von zwei gleichen Endgeräten, also einer symmetrischen Verbindung, ausgeht, was durch die Asymmetrie von DTE und DCE bei X.25 nicht der Fall ist.

Diese Asymmetrie drückt sich zum Beispiel dadurch aus, daß nur das DTE die Initiative zum Verbindungsaufbau ergreifen und einen SABM-Rahmen senden kann.

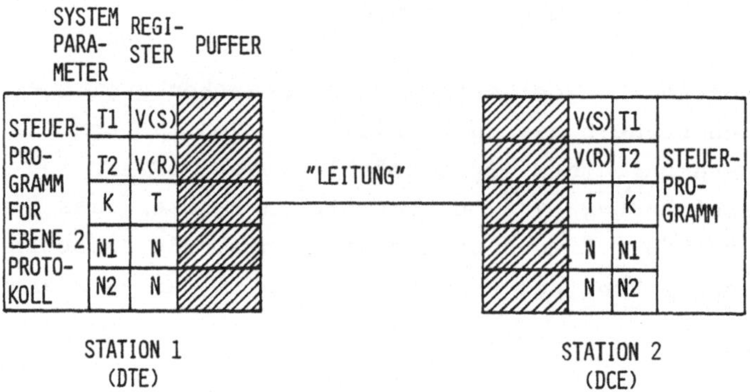

T1, T2	... Zeitparameter für Time-outs
K	... Maximale Window-Größe
N1	... Maximale Rahmengröße
N2	... Maximale Anzahl von Wiederholungen
V(S), V(R)	... Zähler zur Folge- und Flußsteuerung
T	... Zeitnehmer
N	... Andere Zähler
"Leitung"	... Von der physikalischen Ebene zur Verfügung gestellte Verbindung, muß keine physikalische Leitung sein

Fig. 4.27 Leitungsebene

4.3.2.3 Network Layer

Auf dieser Ebene wird nun das gesamte Netzwerk in Betracht gezogen. Unter Heranziehung der Funktionen des Link Layer, der die Übertragung zwischen zwei Knoten definiert, wird der Transport von Nachrichten bzw. Paketen durch das Netzwerk bewerkstelligt. Die Netzwerkebene beschäftigt sich in erster Linie mit den Funktionen in den Netzknoten und nicht mehr mit der Übertragung an sich, die ja von der Ebene 2 bereits garantiert wird.

Die Funktionen, die auf der Netzwerkebene zu gewährleisten sind, erscheinen denen der Leitungsebene sehr ähnlich, aber aus Fig. 4.28 geht klar hervor, daß es sich dabei um eine deutlich übergeordnete Ebene handelt.

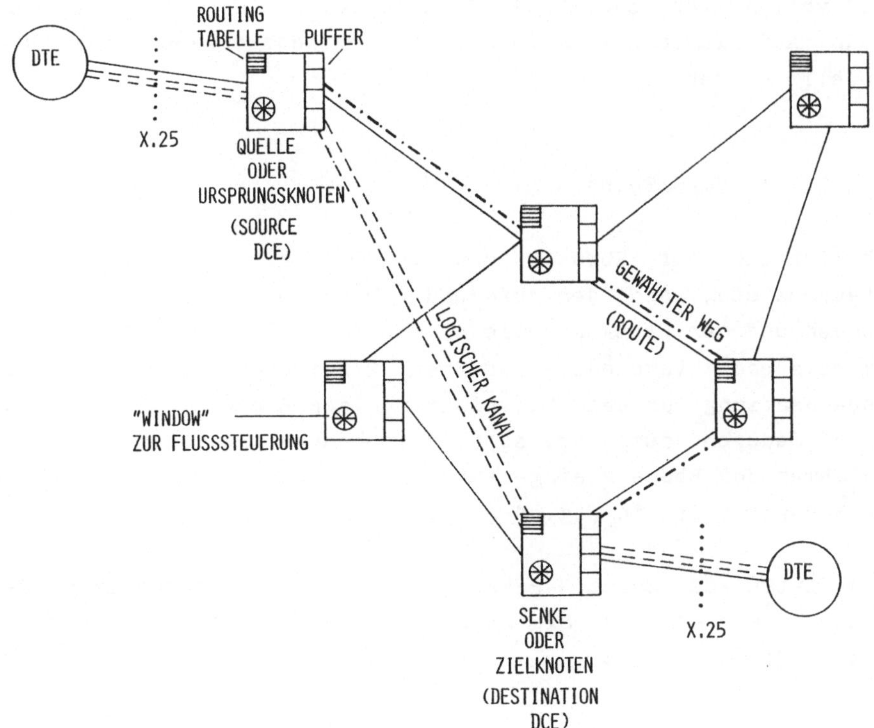

Fig. 4.28 Netzwerkebene

Insbesondere umfassen die Funktionen der Ebene 3:

- Aufbau von logischen Kanälen
- Segmentierung der Nachrichten
- Wegsteuerung (Routing)
- Flußkontrolle (Flow Control) mit Pufferreservierung
- Fehlererkennung und -behandlung

Wie aus Fig. 4.28 erkennbar ist, tritt die Schnittstelle X.25 auch auf dieser Ebene auf. Da sich X.25 jedoch um die Vorgänge innerhalb des Netzes nicht kümmert, fällt von den oben erwähnten Funktionen die Wegsteuerung weg. Zu beachten ist weiters auch hier wieder die Asymmetrie zwischen DTE und DCE, während innerhalb des Netzes die Netzknoten identisch sind und daher zwischen ihnen Symmetrie herrscht.

Wir wollen hier zuerst die Schnittstelle X.25 betrachten und dann auf die Verallgemeinerung in der Netzwerkebene des ISO-Modells eingehen.

4.3.2.3.1 X.25, Ebene 3

Ähnlich wie auf Ebene 2 und in HDLC gibt es auf Ebene 3 Steuerpakete, die dem Auf- und Abbau von virtuellen Verbindungen und der Flußkontrolle dienen, und Datenpakete. Eine existierende Verbindung auf Ebene 2 zwischen DTE und DCE ist Voraussetzung für das Funktionieren der Ebene 3. Dies drückt sich dadurch aus, daß sämtliche Steuer- und Datenpakete in I-Rahmen der Ebene 2 eingebettet sind. Der Aufbau eines Ebene 3-Paketes ist in Fig. 4.29 zu sehen.

Die Arten von Ebene 3-Paketen sind den Arten der Ebene 2-Rahmen sehr ähnlich. Sie sind daher in der folgenden Tabelle Fig. 4.30 einander gegenübergestellt.

Der wesentliche Unterschied liegt darin, daß die Rahmen der Ebene 2 sich ausschließlich auf ein DTE-DCE-Paar beziehen, während die Pakete der Ebene 3 ihre Bedeutung auf dem Weg durch das Netz bis zum anderen DCE-DTE-Paar beibehalten und eine ganz bestimmte Reaktion auslösen.

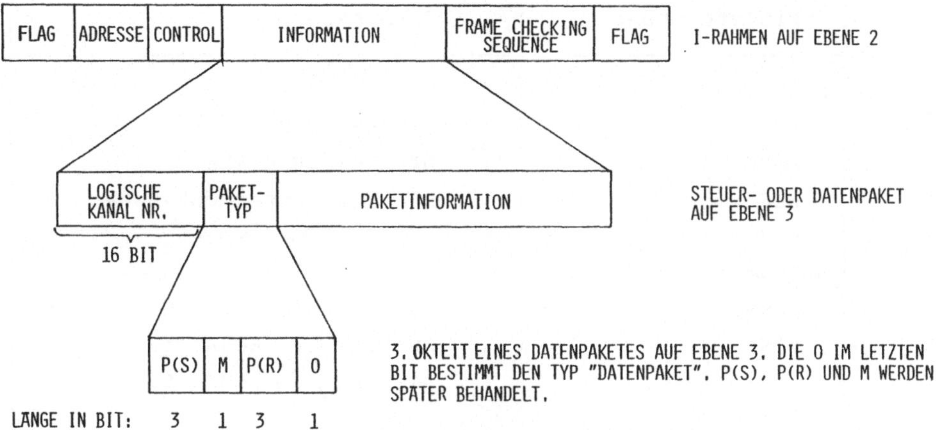

Fig. 4.29 Aufbau eines X.25-Paketes

In X.25 wird das Konzept der virtuellen Verbindung verwirklicht. Fig. 4.31 zeigt den Aufbau von mehreren virtuellen Verbindungen hintereinander:

1 : DTE sendet ein "Call Request"-Paket, um den Aufbau einer Verbindung einzuleiten. Dieses muß die Adresse des Ziel-DTEs, mit dem es in Verbindung treten will, mitführen (vgl. Wählen einer Telefonnummer). Zwischen DTE und DCE wird nun ein "logischer Kanal" errichtet, der der Zieladresse eindeutig zugeordnet wird, sodaß nachfolgende Pakete nur mehr die "logische Kanalnummer" (siehe Fig. 4.29) statt der Adresse mitführen müssen.

Auf irgendeine Weise (dies ist nicht Angelegenheit von X.25) wird die virtuelle Verbindung bis zum Zielknoten (Ziel-DCE) aufgebaut.

Ebene 2 - Rahmen	Ebene 3 - Pakete
I-Rahmen: N(S), N(R) zur Flußsteuerung	I-Pakete: P(S), P(R) zur Flußsteuerung
S-Rahmen: RR, RNR, REJ	 DTE RR, DCE RR DTE RNR, DCE RNR DTE REJ, Interrupt-Paket
U-Rahmen: SABM FRMR	 Call Request, Incoming Call Reset } { Request Restart } { Indication
DISC	Clear Request, Clear Indication
UA	Call Accepted Call Connected Clear } Reset } Confirm Restart }

Fig. 4.30 Vergleich Ebene 2 - Ebene 3

2 : Das Ziel-DCE sendet ein "Incoming Call"-Paket zum Ziel-DTE und baut damit ebenfalls einen "logischen Kanal" mit eigener "logischer Kanalnummer" auf.

3 : Das Ziel-DTE antwortet mit einem "Call Accepted"-Paket, das

4 : am anderen Ende als "Call Connected"-Paket an das Ursprungs-DTE weitergegeben wird.

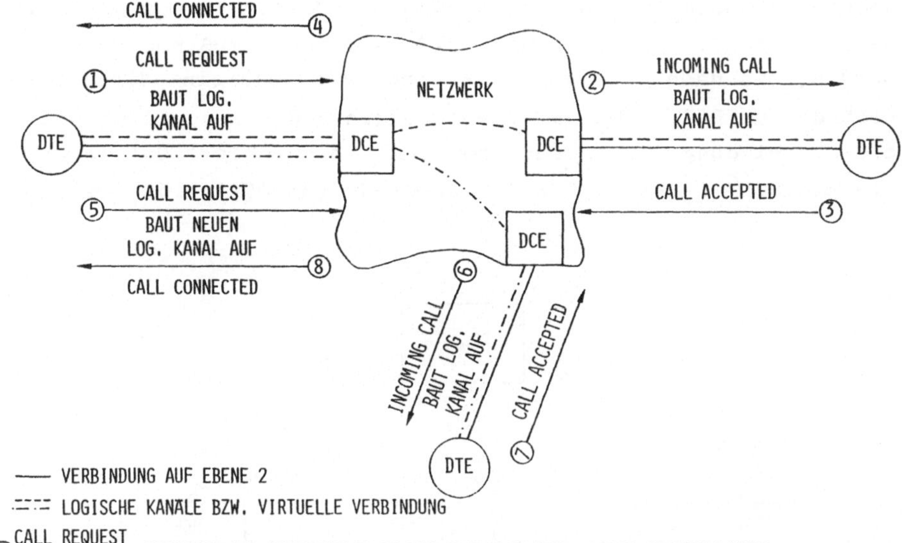

Fig. 4.31 Aufbau von virtuellen Verbindungen

Zwischen einem DTE und einem DCE können ohne weiteres mehrere logische Kanäle gleichzeitig bestehen. Sie werden durch die ersten beiden Oktetts jedes Paketes (siehe Fig. 4.29) voneinander unterschieden. Da auch diese Information im Informationsteil eines I-Rahmens eingebettet ist, können die logischen Kanäle auf Ebene 2 nicht voneinander unterschieden werden. Über eine Ebene 2-Verbindung können daher mehrere logische Kanäle gelegt werden.

Die Schritte 5 bis 8 in Fig. 4.31 zeigen daher den Aufbau einer weiteren virtuellen Verbindung vom selben Ursprungs-DTE zu einem anderen Ziel-DTE.

Fig. 4.32 zeigt den Verbindungsaufbau in Form eines Zustandsdiagrammes der Schnittstelle X.25.

Im Zustand "Ready" kann entweder vom DTE ein "Call Request" oder vom DCE ein "Incoming Call" kommen (Das "Call Request" an der X.25-Schnittstelle am anderen Ende des Netzes ist aus der lokalen Sicht dieser X.25-Schnittstelle nicht sichtbar und scheint daher im Zustandsdiagramm nicht auf; es ist jedoch Voraussetzung dafür, daß das DCE ein "Incoming Call" senden kann). Im Zustand "DTE Waiting" muß nun gewartet werden, bis nach erfolgtem Verbindungsaufbau ein "Call Connected" vom DCE kommt. Wird von beiden Enden her gleichzeitig die Verbindung aufgebaut, so kommt es zur "Call Collision", die einfach mit einem "Call Connected" vom DCE gelöst wird.

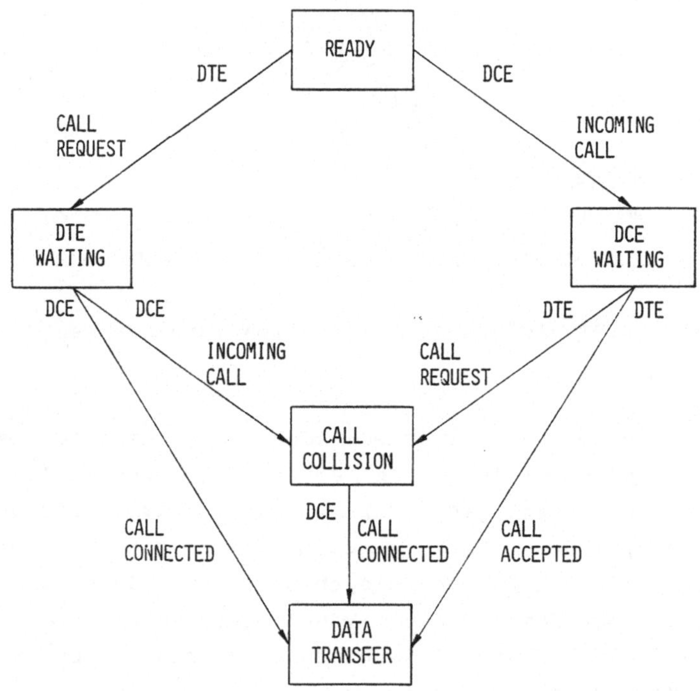

Fig. 4.32 Zustandsdiagramm für den Verbindungsaufbau

Fig. 4.33 (a) und (b) zeigen die Formate für ein "Call Request"- und "Incoming Call"-Paket bzw. ein "Call Accepted"- und "Call Connected"-Paket.

Vollkommen analog ist der Austausch von Paketen zum Verbindungsabbau. Ein "Clear Request" löst ein "Clear Indication" am anderen Ende aus. Die Antwort "Clear Confirmation" auf beiden Seiten bricht die Verbindung ab und gibt die logische Kanalnummer frei.

<table>
<tr><td>0</td><td>1</td><td>2</td><td>3</td><td>4</td><td>5</td><td>6</td><td>7</td></tr>
<tr><td>0</td><td>0</td><td>0</td><td>1</td><td colspan="4">LOGICAL CHANNEL GROUP NUMBER</td></tr>
<tr><td colspan="8">LOGICAL CHANNEL NUMBER</td></tr>
<tr><td>0</td><td>0</td><td>0</td><td>0</td><td>1</td><td>0</td><td>1</td><td>1</td></tr>
<tr><td colspan="4">CALLING DTE ADDRESS LENGTH</td><td colspan="4">CALLED DTE ADDRESS LENGTH</td></tr>
<tr><td colspan="8">DTE ADDRESS</td></tr>
<tr><td colspan="4"></td><td>0</td><td>0</td><td>0</td><td>0</td></tr>
<tr><td>0</td><td>0</td><td colspan="6">FACILITY LENGTH</td></tr>
<tr><td colspan="8">FACILITIES</td></tr>
<tr><td colspan="8">CALL USER DATA</td></tr>
</table>

(a) Call Request und Incoming Call

<table>
<tr><td>0</td><td>1</td><td>2</td><td>3</td><td>4</td><td>5</td><td>6</td><td>7</td></tr>
<tr><td>0</td><td>0</td><td>0</td><td>1</td><td colspan="4">LOGICAL CHANNEL GROUP NUMBER</td></tr>
<tr><td colspan="8">LOGICAL CHANNEL NUMBER</td></tr>
<tr><td>0</td><td>0</td><td>0</td><td>0</td><td>1</td><td>1</td><td>1</td><td>1</td></tr>
</table>

(b) Call Accepted and Call Connected

Fig. 4.33 Steuerpakete für den Verbindungsaufbau

Zum Unterschied zu den eben beschriebenen geschalteten virtuellen Verbindungen gibt es in X.25 auch "permanent virtual circuits". Diese bestehen immer, brauchen daher nicht auf- oder abgebaut zu werden. Zu den "switched virtual circuits" (oben beschriebene virtuelle Verbindungen) verhalten sie sich wie Standleitungen zu Wählleitungen. Anstelle des Verbindungsaufbaues werden nur durch ein "Reset"-Paket die Register und Uhren zurückgesetzt. Die logische Kanalnummer wird bei Vertragsabschluß festgelegt und bleibt für die Lebensdauer des DTE-Anschlusses an das Netz erhalten.

Für beide Verbindungsarten gilt, daß die Maximalzahl der logischen Kanäle sowie deren erlaubte Kapazität (Einteilung Benutzerklassen) ebenfalls bei Vertragsabschluß festgelegt werden.

Als zweiter Punkt wurde zu Beginn dieses Kapitels die Segmentierung der Nachrichten angegeben. Dies bedeutet auf Ebene 3 von X.25, daß die Nachrichten derart in Pakete unterteilt werden müssen, daß die festgelegte Maximallänge eines Paketes nicht überschritten wird. Das "M"-bit ("More data" bit) in Datenpaketen (siehe Fig. 4.29) zeigt dabei an, ob dem betreffenden Paket noch weitere folgen (M=1) oder ob es das letzte einer Nachricht ist (M=0). Im Konzept der virtuellen Verbindung wird garantiert, daß die Pakete in derselben Reihenfolge über die X.25-Ausgangsschnittstelle das Netz verlassen, in der sie über die Eingangsschnittstelle in das Netz gelangt sind. Somit genügt das "M"-bit, um das Ende einer Nachricht anzuzeigen.

Wie oben erwähnt, ist die Wegsteuerung für die Schnittstelle X.25 selbst nicht relevant und wird daher erst im nächsten Abschnitt behandelt.

Die Flußsteuerung (flow control) auf dieser Ebene wird in ähnlicher Weise abgewickelt wie auf Ebene 2 (bzw. HDLC), nämlich mittels des Window-Mechanismus. Zwar wird eine Leitungsüberlastung schon auf Ebene 2 weitgehend vermieden, doch wird mit dem Mechanismus auf Ebene 3 die Flußmenge auf jedem einzelnen logischen Kanal gesteuert und dadurch das Blockieren sämtlicher Puffer durch einen einzigen Kanal und damit eine Deadlocksituation verhindert.

Wie in HDLC (siehe Kap. 3.2.1) werden hier in jedem Datenpaket, und zwar im 3. Oktett, eine Sende- und eine Empfangsfolgenummer, P(S) und P(R), mitgeführt (siehe Fig. 4.29). Beide sind ebenfalls 3 bit lang; P(S) numeriert daher die Pakete fortlaufend modulo 8. P(R) in der Gegenrichtung deutet auch hier an, welche Paketnummer bei der anderen Station als nächste zum Empfang erwartet wird. P(R) fungiert damit gleichzeitig als Bestätigung für alle Pakete bis zur Paketnummer P(R)-1. Die Window-Größe W zeigt an, wieviele Pakete gesendet werden dürfen, bevor eine Bestätigung für das erste zurückkommt, oder in anderen Worten, wie weit P(S) dem P(R) vorauseilen darf. W bleibt im allgemeinen unverändert und muß kleiner als 8 sein. Fig. 4.34 veranschaulicht den Window-Mechanismus mit W=3.

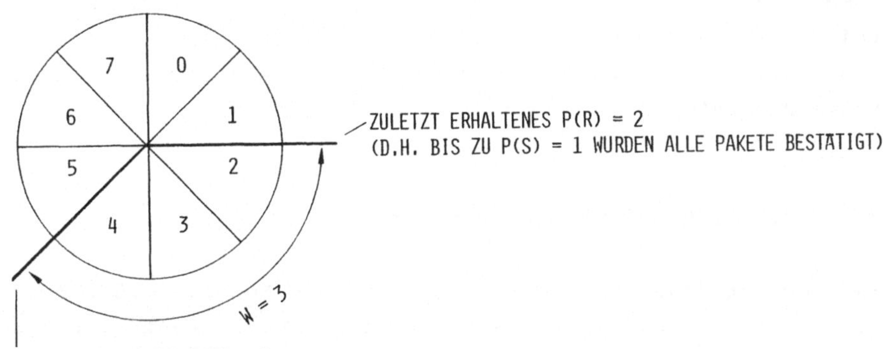

Fig. 4.34 Window-Mechanismus

Wichtig ist, daß dieser Window-Mechanismus für jeden logischen Kanal unabhängig ist. Wird ein logischer Kanal blokkiert, können alle anderen weiterübertragen, so lange deren Window-Größe nicht überschritten wird. Logisch unabhängig ist auch der Mechanismus auf Ebene 2. Freilich können Bestätigungen für Ebene 3 verzögert werden, wenn die Ebene 2-Verbindung blockiert ist.

Weiters stehen der Ebene 3 auch die "receive ready", "receive not ready" und "reject" Pakete für die Flußkontrolle zur Verfügung. Ihre Funktionen sind denen der entsprechenden Rahmen auf Ebene 2 sehr ähnlich (vgl. Kap. 3.2) und werden daher hier nicht mehr behandelt.

Übertragungsfehler können auf Ebene 3 keine mehr entstehen, da diese bereits auf Ebene 2 behoben werden. Etwas wie die "Frame Checking Sequence" ist daher auf Ebene 3 nicht nötig. Folgefehler in Zusammenhang mit P(S) und P(R) werden im Rahmen der Flußsteuerung erkannt, ähnlich wie auf Ebene 2. Folgefehler werden auf Ebene 3 mit einem "Reset" beantwortet, das sämtliche Zähler und Uhren der betreffenden virtuellen Verbindung zurücksetzt.

"Restart" ist ähnlich wie FRMR auf Ebene 2 der letzte Ausweg bei undefinierbaren Fehlern. Sämtliche virtuellen Verbindungen, die von einem DTE ausgehen, werden abgebaut und wieder neu errichtet.

4.3.2.3.2 ISO-Modell, Netzwerkebene

In der allgemeinen Darstellung des ISO-Modells muß nun auf die inneren Vorgänge im Netzwerk eingegangen werden. Die zu Beginn genannten Funktionen der Ebene 3, die auch im Abschnitt über X.25 behandelt wurden, werden hier auf das gesamte Netzwerk ausgedehnt.

4.3.2.3.2.1 Aufbau und Betrieb von logischen Verbindungen

Beim Aufbau von logischen Verbindungen muß man zwischen zwei Philosophien, die heute sehr heftig diskutiert werden, unterscheiden:

- Virtuelle Verbindung (virtual call, virtual circuit)
- Datagram

In einer virtuellen Verbindung werden die einzelnen Abschnitte durch das ganze Netz hindurch in ähnlicher Weise aufgebaut und betrieben wie ein logischer Kanal in X.25. Die Prozedur für den Verbindungsaufbau kann von Knoten zu Knoten in der gleichen Weise vor sich gehen. Der Vorgang ist in Fig. 4.35 bildlich dargestellt. Die Unterschiede zum Verbindungsaufbau von X.25 liegen darin, daß vor der eigentlichen Aufbauphase die Fortsetzung des Weges bestimmt werden muß (siehe "Wegsteuerung") und daß die Asymmetrie von DTE und DCE wegfällt.

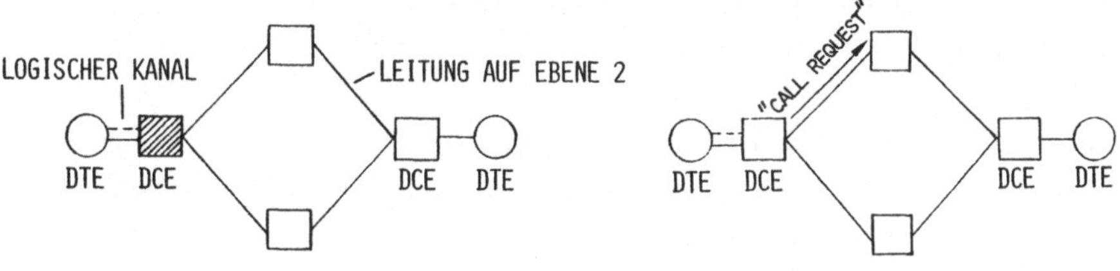

(a) Festlegen des Weges (b) Aufbauphase wie in X.25

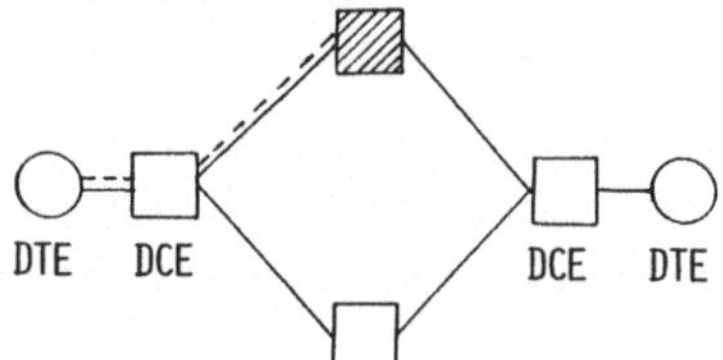

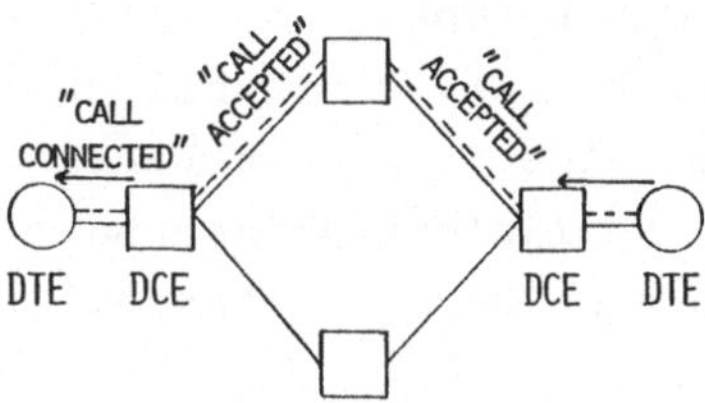

(c) Virtueller Verbindungsabschnitt existiert, Festlegung der Wegfortsetzung

(d) nach weiteren Schritten virtuelle Verbindung fertiggestellt

Fig. 4.35 Aufbau einer virtuellen Verbindung

Die Übertragung der Pakete über diese virtuelle Verbindung geschieht abschnittsweise wie in X.25 zwischen DTE und DCE.

Für jeden Teilabschnitt können die entsprechenden Mechanismen zur Flußsteuerung angewendet werden. Die Pakete, mit Ausnahme des ersten Steuerpaketes, brauchen keine Adressen mitzuführen. Aufgrund der logischen Kanalnummer ist die virtuelle Verbindung eindeutig definiert, sofern für eine eindeutige Vergabe dieser Nummern gesorgt wird.

Da es aufgrund der Sende- und Empfangsfolgenummern und des Window-Mechanismus unmöglich ist, daß sich Pakete gegenseitig überholen, ist auch die richtige Reihenfolge der Pakete beim Ziel-DTE und ein problemloses Zusammensetzen der ursprünglichen Nachricht garantiert.

Nachteil der virtuellen Verbindung ist, daß bei einer temporären Überlastung oder Blockierung eines Abschnittes auf keine alternative Route ausgewichen werden kann (vgl. Schienenverkehr - Autoverkehr).

Gerade dieser Nachteil fällt beim Datagram weg. In diesem Fall wird die Verbindung innerhalb des Netzes nicht zu Beginn festgelegt. Jedes Paket führt seine Zieladresse mit und wird unabhängig von allen anderen Paketen durch das Netz geschickt. Ein Protokoll zwischen den beiden Endknoten (DCEs), also eine "logische Verbindung" muß zwar schon bestehen, aber die Realisierung innerhalb des Netzes ist flexibler, da keine starren Wege festgelegt werden (Schienenverkehr - Autoverkehr).

Abhängig von der jeweiligen Wegsteuerungsmethode kann es vorkommen, daß einzelne Pakete, die zur selben logischen Verbindung gehören, über verschiedene Wege ihr Ziel erreichen. Der Nachteil dieser Methode ist sicher, daß die richtige Reihenfolge der Pakete beim Zielknoten nicht mehr garantiert werden kann. Jedes Paket muß daher noch eine Paketnummer mitführen, und ein spezieller Pufferbereich in den Knoten muß bereitstehen, um eine aus mehreren Paketen bestehende Nachricht wieder richtig zusammensetzen zu können.

Dabei entsteht jedoch die Gefahr von Verklemmungen (Deadlocks). Dies kann in einem Beispiel am besten demonstriert werden (Fig. 4.36). Zwei Nachrichten, A und B, bestehend aus den Paketen A1 - A5 bzw. B1 - B4, seien für Zielknoten Z bestimmt.

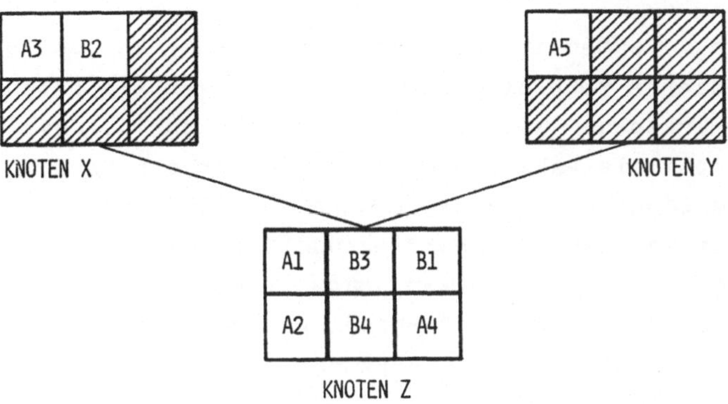

Fig. 4.36 Verklemmung im Zielknoten Z

Die vollständigen Nachrichten A und B können erst zusammengesetzt werden, wenn auch A3, A5 und B2 nach Z übertragen sind, jedoch können A3, A5 und B2 von Z nicht mehr aufgenommen werden, bis wenigstens eine vollständig zusammengesetzte Nachricht Z wieder verlassen hat.

Dem kann dadurch begegnet werden, daß das allererste Paket, das die Gesamtlänge der Nachricht kennen muß, den Pufferbereich für die gesamte Nachricht reserviert. Ist das nicht möglich, so muß mit Methoden der Flußkontrolle (z.B. RNR-Paket) der Datenfluß gebremst werden, bis genügend Speicherplatz zur Verfügung steht.

Ein Datagram-Netzwerkservice ist durchaus auch im Zusammenhang mit X.25 denkbar. X.25 definiert die DTE/DCE-Schnittstelle. Innerhalb des Netzes kann ein Datagram-Service verwirklicht werden. Werden die Nachrichten im Zielknoten wieder richtig zusammengesetzt, kann die richtige Reihenfolge für die X.25-Schnittstelle wieder garantiert werden. Das französische TRANSPAC ist ein solches Datagram-Netz mit X.25 Ausgängen.

Der Abbau von logischen Verbindungen kann analog dem Verbindungsaufbau durchgeführt werden. Dazu kommt noch das Problem der Verrechnung, das jedoch vom Zweck und der Organisationsstruktur des Netzwerkbetriebes abhängt.

Zum Punkt "Segmentierung der Nachrichten" ist dem bei X.25 Gesagten nichts mehr hinzuzufügen. Das Paket als Dateneinheit auf Netzwerkebene kann von X.25 unmittelbar übernommen werden. Die optimale Paketlänge hängt von der durchschnittlichen Nachrichtenlänge ab. Die Paketlänge von 1000 Bit im ARPA-Netz bedeutet etwa, daß die überwiegende Zahl der Nachrichten nur ein Paket lang ist. Davon hängt auch die Frage ab, ob Datagram oder virtuelle Verbindungen günstiger sind. Bei so kurzen Nachrichten wie in ARPA dürfte Datagram wohl klar im Vorteil liegen.

4.3.2.3.2.2 Wegsteuerung (Routing)

Das Problem der Wegsteuerung tritt dann in Erscheinung, wenn ein bestimmter Zielknoten auf verschiedenen Wegen erreicht werden kann (siehe etwa Fig. 4.35). Die Entscheidungskriterien, nach denen ein Paket einen bestimmten Weg einschlägt, sind durch die Mechanismen der Wegsteuerung definiert, die eine möglichst geringe Zeitverzögerung bei größtmöglichem Durchsatz erzielen sollen.

Die meisten Methoden sind tabellengesteuert (directory routing). Wesentliches Element aller dieser Methoden ist die Routing-Tabelle in jedem Knoten, welche für jeden möglichen Zielknoten (bzw. virtuelle Verbindung) festlegt, welcher Ausgang auf dem Weg zum gewünschten Zielknoten zu wählen ist. Die Unterschiede zwischen verschiedenen Wegsteuerungsmethoden bestehen meist nur in der unterschiedlichen Weise, diese Tabellen (Fig. 4.37) zu erstellen.

Als Grundgerüst für fast alle Routing-Methoden gilt der folgende Algorithmus für die Behandlung eines Paketes bei Ankunft in einem Netzknoten:

1) Ist dieser Knoten Zielknoten des betrachteten Paketes, ⟶2); sonst ⟶3)

2) Zielknoten erreicht. Bei Datagram-Service muß das Paket gepuffert werden; erst die vollständig zusammengesetzte Nachricht wird an das entsprechende DTE weitergegeben. - Stop.

3) Die Zieladresse des Paketes (bei virtuellen Verbindungen deren Identifikationsnummer) ist Index für die Routing-Tabelle.

4) Das Paket wird in die Warteschlange für den in der Routing-Tabelle abgelesenen Ausgang zu einem der Nachbarknoten eingereiht.

5) Nach Abarbeiten der Warteschlange, meist in FIFO-Manier, wird das Paket zum Nachbarknoten übertragen; ⟶1.

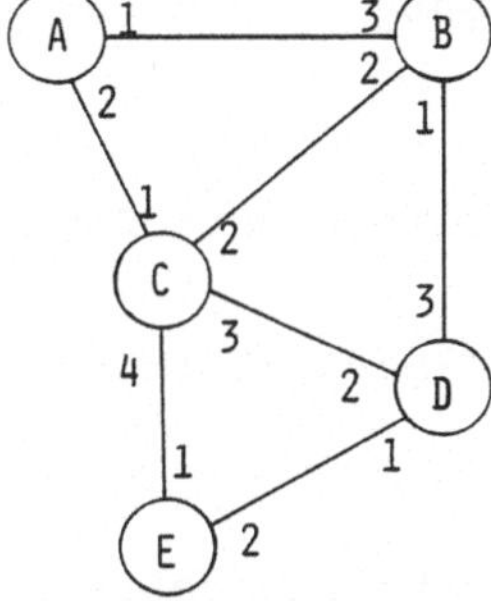

Ziel-Knoten	zu wählender Ausgang
A	3
B	3
C	2
D	-
E	1

a) Topologie eines Netzes b) Routing-Tabelle für Knoten D

Fig. 4.37 Routing mittels Tabellen

Zur Erstellung der Routing-Tabellen gibt es nun viele verschiedene Methoden. Grundsätzlich kann man zwei Gruppen unterscheiden:

a) Fixe Wegsteuerung
b) Adaptive Wegsteuerung

Zu a) In dieser Gruppe werden vor Aufnahme des regulären Betriebes sämtliche Tabellen erstellt und bleiben in derselben Form bestehen, unabhängig vom Verkehrsaufkommen. Die Routen sind daher praktisch fix, jedes Paket, das dieselbe Zieladresse hat, schlägt denselben Weg ein. Diese Methoden werden hauptsächlich bei "virtuellen Verbindungen" eingesetzt. Freilich ist fixes Routing unflexibel und daher für ein Datagram-Service nicht so gut geeignet. Vorteile sind eine einfache Handhabung der Tabellen und der relativ geringe Verwaltungsaufwand, was in vielen Fällen die geringere Flexibilität aufwiegt.

Durch Alternativ-Tabellen oder Tabelleneintragungen einer "zweiten Wahl", die aber dennoch fix sind, kann die Flexibilität dahingehend erhöht werden, daß bei Teilzusammenbrüchen des Netzes bis zu einem gewissen Grad Umleitungen gefunden werden können.

Prinzipiell werden die Tabellen jedoch nur durch Eingriffe von außen verändert.

In dieser Gruppe gibt es zwei wesentliche Methoden:

- Methoden des kürzesten Weges ("Shortest path" oder "minimum weight" routing)

  Das Problem wird hier rein graphentheoretisch gelöst. In einem Graphen mit gewichteten Kanten wird die kürzeste Verbindung zwischen je zwei Knoten ermittelt. Dazu gibt es einen einfachen Markierungsalgorithmus, der in Fig. 4.38 veranschaulicht wird.

  Die Gewichte auf den einzelnen Verbindungen ergeben sich hauptsächlich aus der Übertragungsart (Satellit, Richtfunk, Telefonleitung), der Leitungskapazität, den Übertragungskosten, evtl. der Leitungslänge und etwaiger anderer Qualitäten der Leitung.

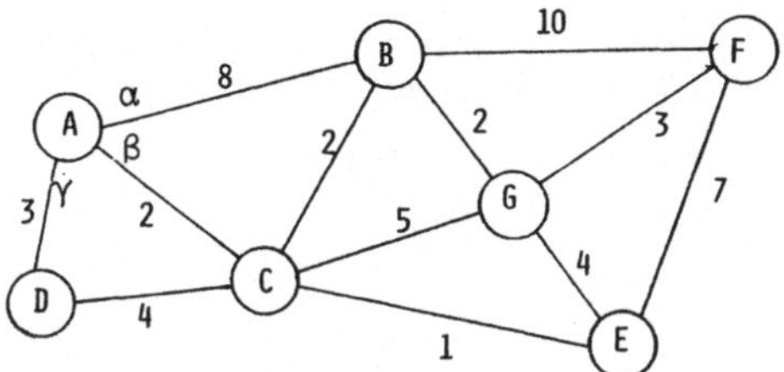

a) Netztopologie mit gewichteten Verbindungen

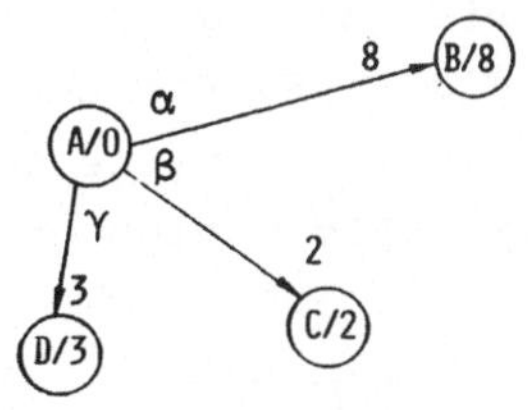

b) Markierung von Knoten A aus

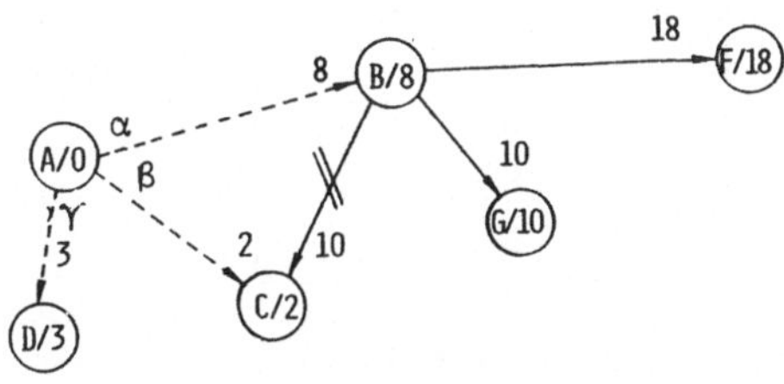

c) Markierung von Knoten B aus

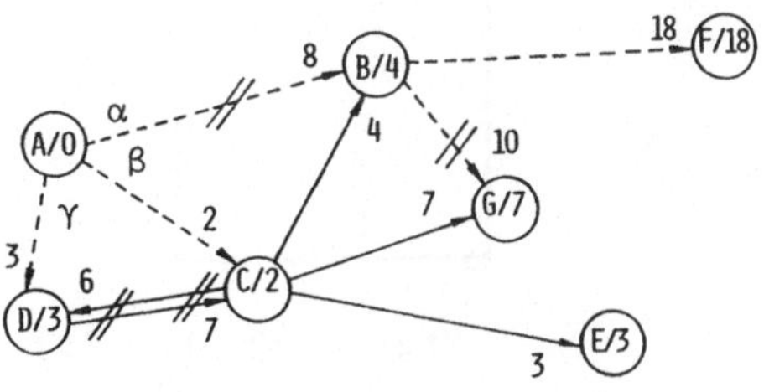

d) Markierung von Knoten C, D aus

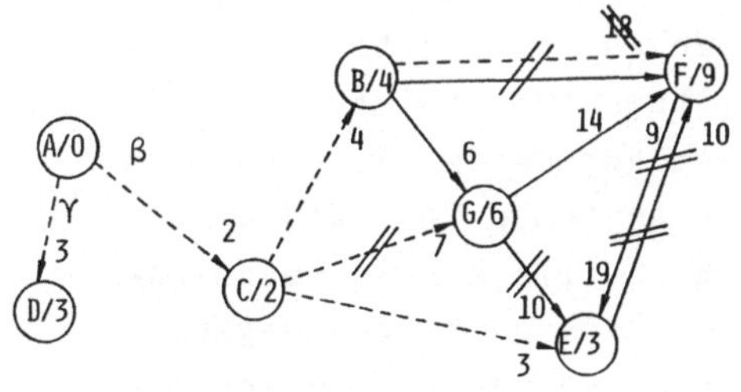

e) Markierung von Knoten B, G, E, F aus

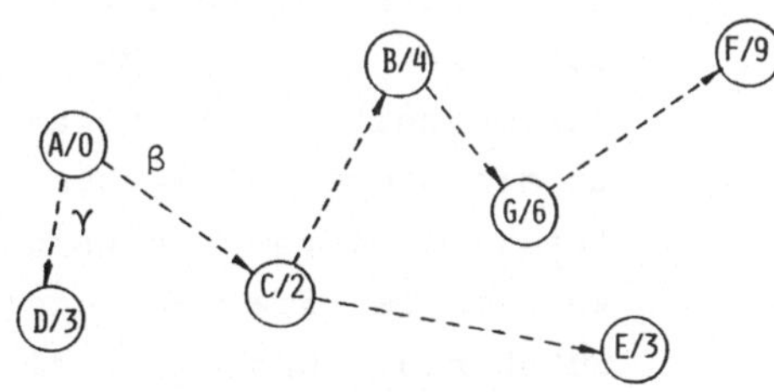

f) Keine neuen Markierungen mehr möglich. Baum zeigt kürzeste Wege von A aus zu allen Knoten

G/6 Bezeichnung für Knoten mit kürzester Entfernung von A

α,β,γ, Bezeichnung für die Ausgänge von A

Fig. 4.38 Bestimmung des "kürzesten" Weges von A zu allen anderen Knoten

Die auf diese Weise ermittelten kürzesten Wege (in Fig. 4.38 von Knoten A zu allen anderen) werden in Routing-Tabelle wie in Fig. 4.39 eingetragen. Diese Tabelle bleibt unverändert.

Zielknoten	Ausgang	Entfernung von A
A	–	0
B	β	4
C	β	2
D	γ	3
E	β	3
F	β	9
G	β	6

Fig. 4.39 Routing-Tabelle in Knoten A

- Methoden der geringsten Zeitverzögerung ("least time delay")

Bei dieser Methode wird auch das erwartete Verkehrsaufkommen im Netzwerk mitberücksichtigt, um die durchschnittliche Gesamtverzögerung im globalen Sinn zu minimieren. Ausgehend von Annahmen über den erwarteten Datenverkehr werden mit Hilfe der Warteschlangentheorie die Wartezeiten, die an Knotenausgängen entstehen, und damit die Gesamtverzögerungen berechnet. Daraus werden die kürzesten Wege berechnet, die in einem iterativen Verfahren durch die sich ändernden Wartezeiten verbessert werden. Das Resultat ist eine Matrix für jeden Knoten des Netzwerkes, deren Elemente x_{ik} angeben, welcher Anteil des für den Zielknoten i bestimmten Datenverkehrs über Ausgang k weitergeschickt werden soll (Fig. 4.40). Diese Matrix kann nun dazu verwendet werden, um Pakete mit derselben Zieladresse abwechselnd im entsprechenden Verhältnis über die verschiedenen Ausgänge zu senden, bzw. bei virtuellen Verbindungen diese abwechselnd über die verschiedenen Ausgänge aufzubauen.

Zielknoten \ Ausgänge	1	2	3	k	n
A	0,2	0,6	0,05 ...	0,1	0
B	0	0,5	0,5 ...	0	0
.	.			.	.
.	.			.	.
.	.			.	.
i	.			x_{ik}	.
.	.			.	.
.	.			.	.
.	.			.	.
Z	0	1,0	0 ...	0	0

$$\sum_{k=1}^{n} x_{ik} = 1$$

Fig. 4.40 Routing-Matrix

Auch diese Methode ist fix, die Matrizen in den einzelnen Knoten bleiben unverändert. Veränderungen werden nur durch außergewöhnliche Ereignisse (z.B. Leitungsausfall) oder Eingriffe von außen durchgeführt. Bei SITA, dem internationalen Flugliniennetz, werden die Tabellen dreimal im Jahr angepaßt.

Zu b) Zum Unterschied von der fixen Wegsteuerung werden hier die Routing-Tabellen ständig dem sich ändernden Datenverkehr angepaßt. In jedem Knoten werden Informationen über den momentanen Verkehr gesammelt, um damit lokal die Tabellen zu adaptieren. Es gibt auch Methoden, die über jedes Datenpaket kurzfristig entscheiden, auf welchem Weg es weiter übertragen wird. Letzteres ist freilich nur bei Datagram-Service möglich. Aber auch die anderen adaptiven Methoden erzielen ihre volle Wirkung eher mit einem Datagram-Service als mit virtuellen Verbindungen.

Die wichtigsten Methoden sind:

- Hot potato - Technik:
  Jeder Knoten versucht, ein erhaltenes Datenpaket so schnell wie möglich, wie eine heiße Kartoffel, an irgendeinen Nachbarn weiterzugeben. Das bedeutet, daß das Paket auf der ersten freiwerdenden Verbindung weitergeleitet wird, bis der Zielknoten erreicht ist. Um zu verhindern, daß Pakete im Kreis laufen (Ping-Pong-Effekt), können zu den Ausgängen Prioritäten festgelegt werden, die dafür sorgen, daß Pakete nur in "sinngemäß vorwärtsstrebender Richtung" gesendet werden. Diese Gewichtung und teilweise Blockierung von Ausgängen nennt man einen "bias", die Methode "shortest queue plus bias" (bias = engl. für Bevorzugung).

- Austausch von Verzögerungswerten:
  Dabei besitzt jeder Knoten eine Matrix, die für jeden Zielknoten i Schätzwerte t_{ik} für die Verzögerungszeit bis zum Zielknoten i enthält, wenn der Knotenausgang k gewählt wird. Diese Schätzwerte werden in regelmäßigen Abständen (bei ARPA alle 0,5 Sekunden) adaptiert, indem für jeden Ausgang die Wartezeit in der Warteschlange und der minimale Schätzwert des betreffenden Nachbarknotens addiert werden. Zu diesem Zweck werden diese Schätzwerte zwischen Nachbarknoten ausgetauscht.

  Der Faktor, der die dynamischen Veränderungen bewirkt, ist die Wartezeit. Diese erhöht sich bei Überlastungen, sodaß sich der günstigste Weg unter Umständen verändert. Der Austausch der Verzögerungswerte sorgt dafür, daß sich das Netz rasch an solche Veränderungen anpaßt. Dieser Algorithmus hat sich bei ARPA sehr bewährt.

Von den hier erwähnten Methoden gibt es noch viele weitere Varianten, die jedoch hier nicht im Detail besprochen werden. Abschließend seien nur noch die Leistungskriterien für Wegsteuerungsalgorithmen kurz charakterisiert:

- möglichst geringe Verzögerung entlang des Weges
- möglichst hoher Gesamtdurchsatz
- rasches Anpassen an ein sich veränderndes Verkehrsaufkommen
- Vermeiden des "Ping-Pong"-Effekts.

4.3.2.3.2.3 Flußmengensteuerung (flow control)

Eine Überlastung des Netzes oder eine Verstopfung einzelner Verbindungen kann trotz guter Routing-Methoden auftreten. Die Gründe hierfür liegen in der beschränkten Bandbreite der Leitungen. Es entstehen längere Wartezeiten und eine Verringerung des Gesamtdurchsatzes. Obwohl auch gezielt ausgewählte Wegsteuerungsmethoden beitragen können, Überlastungen zu reduzieren, sind oft noch zusätzliche Mechanismen der Flußmengensteuerung nötig.

Dabei werden drei Methoden unterschieden:

- lokale Steuerung
- End-zu-End-Steuerung
- globale Steuerung

Lokale Steuerung bezieht sich in erster Linie auf Einzelleitungen und ist daher eher dem Link Layer (Ebene 2) zuzuordnen. Der "Window"-Mechanismus und das Senden von RNR-Rahmen in HDLC sei hier nur kurz erwähnt (siehe Kap. 3.2). Allerdings müßten auch adaptive Wegsteuerungsalgorithmen in der Lage sein, auf Verstopfungen zu reagieren und den Datenverkehr lokal umzuleiten.

Bei der End-zu-End-Steuerung wird die Datenmenge, die zwischen zwei Endknoten oder auf einem logischen Kanal fließt, beschränkt. Auch dafür werden in erster Linie ein Window-Mechanismus wie in X.25 (siehe Kap. 4.3.2.3.1) oder Varianten davon verwendet. Ein typisches Beispiel einer End-zu-End-Steuerung ist im ARPA-Netz mittels des RFNM-Paketes verwirklicht. Auch das ist ein Spezialfall eines Window-Mechanismus, nämlich mit Window-Größe 1, allerdings auf ganze Nachrichten bezogen, nicht nur auf Pakete (siehe Kap. 4.3.1.1 und

Fig. 4.24). Die End-zu-End-Steuerung bewährt sich besonders bei der Verwendung von virtuellen Verbindungen und fixem Routing, ist aber nicht auf diese beschränkt (ARPA).

Die globale Steuerung bezieht sich nun nicht nur auf bestimmte Verbindungen oder Wirt-Paare, sondern beschränkt, wie aus dem Namen schon hervorgeht, global die Gesamtzahl der Nachrichten oder Pakete im ganzen Netz. Eine Methode zur Verwirklichung einer globalen Steuerung ist die "isarithmische Methode": Eine fixe Anzahl von "Permits", das sind spezielle Pakete, zirkuliert im Netz. Ein Datenpaket kann nur dann in das Netz gelangen, wenn es von einem freien Permit aufgenommen wird. Erreicht das Permit mitsamt dem Datenpaket dessen Zielknoten, so verläßt das Paket wieder das Netz und das Permit kann ein neues Paket aufnehmen. Damit wird verhindert, daß die Zahl der Datenpakete im Netz die Zahl der Permits übersteigt.

Die unbesetzten Permits zirkulieren meist frei, quasi zufällig, im Netz und nehmen wie Taxis wartende Pakete auf, um sie an ihr gewünschtes Ziel zu bringen. Um die Wartezeit, bis ein freies Permit "zufällig" dort ist, wo ein Paket wartet, zu verkürzen, gibt es "Permit-Pools" bei den meisten Knoten, zu denen unbesetzte Permits wie zu einem Taxistandplatz zurückkehren und dann sofort in der Lage sind, ankommende "Passagiere" aufzunehmen.

In vielen konkreten Implementierungen werden die hier beschriebenen Methoden in Kombination angewendet. Auch die Wegsteuerung und die Flußmengensteuerung werden oft als ein integriertes Steuerungssystem realisiert.

4.3.2.4 Transport Layer

Über das Netzwerk hinweg wird der Transport von Nachrichten zwischen zwei Endpunkten auf der Transportebene definiert. Die Funktionen der Netzwerkebene werden dazu benützt, um eine echte End-zu-End-Verbindung herzustellen. Die Protokolle der Transportebene ermöglichen einen völlig transparenten Datenverkehr zwischen zwei Wirtrechnern (oder Terminals) bzw.

zwischen Prozessen selbst, die in ihnen ablaufen. Das heißt, daß die Struktur des Netzwerkes selbst unsichtbar wird und sich für den Benutzer auf der Transportebene nur mehr die beiden Wirtrechner (oder DTEs) sichtbar (transparent) gegenüberstehen.

Funktionen der Transportebene sind:

- Aufbau und Beendigung von End-zu-End-Verbindungen (message links)
- Adressenzuordnung
- Transport von Nachrichten
- End-zu-End-Flußsteuerung
- End-zu-End-Fehlererkennung und -behandlung

Von der Netzwerkebene erwartet der Transport Layer die korrekte Weitergabe und den Empfang von Datenpaketen und deren Zusammensetzung in ganze Nachrichten. Außerdem stellt der Transport Layer die Verbindung zu den Anwenderprozessen her und sorgt dafür, daß sie in völlig transparenter Weise kommunizieren können. Die Transportebene schließt damit das Transportsystem ab.

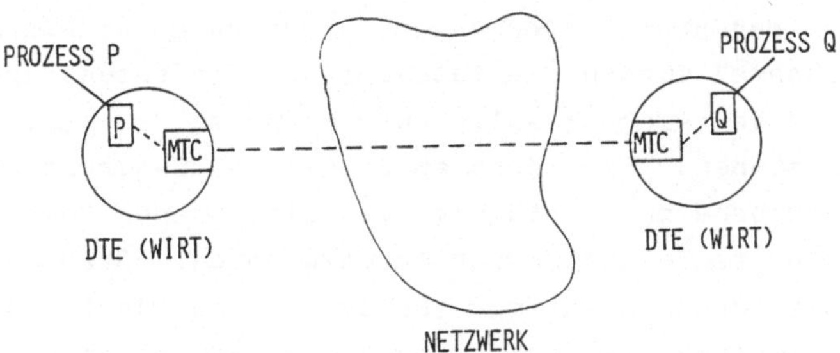

MTC ... Message Transmission Controller

Fig. 4.41 Transportebene

Da auf dieser Ebene von den diversen Standardisierungskomitees noch keine endgültigen Standards festgelegt wurden, muß hier die Beschreibung auf eine allgemeine Weise beschränkt bleiben.

Der Auf- bzw. Abbau von Transportverbindungen (message links) kann in ganz analoger Weise zu den niederen Ebenen (z. B. X.25) durchgeführt werden. Allerdings müssen statt DTE-Adressen nun Prozeßnamen angegeben werden.

Eine entsprechende Anweisung könnte etwa lauten:

CONNECT REQUEST (Name oder Adresse des Ursprungsprozesses, Name oder Adresse des Zielprozesses, Identifikation der Transportverbindung, Protokoll-Klasse, maximale Nachrichtenlänge, weitere Parameter zur Bestimmung der Transportqualität)

Der Transport Layer, der die "CONNECT REQUEST"-Anweisung von der nächsthöheren Ebene erhalten hat, führt diese nun durch, indem er sich der Funktionen der Netzwerkebene bedient.

Hier ist die Adressenzuordnung als Funktion der Transportebene von Bedeutung. Den Angaben "Ursprungsprozeßname" und "Zielprozeßname" müssen die tatsächlichen Adressen zugeordnet werden. Ein Verzeichnis aller ansprechbaren Prozesse muß zur Verfügung stehen. Die dort abgelesenen DTE-Adressen werden der Netzwerkebene zur Verfügung gestellt, um den Verbindungsaufbau durch das Netz hindurch durchzuführen. Steht ein derartiges Verzeichnis nicht zur Verfügung, so könnte in einer konkreten Implementierung auch verlangt werden, daß die DTE-Adressen explizit als zusätzliche Parameter angegeben werden müssen.

Über "Identifikation der Transportverbindung" wird die Verbindung außerdem eindeutig identifiziert.

Die übrigen Parameter geben die geforderten Qualitätsmerkmale für die Transportverbindung an.

Der initiierende Prozeß wartet nun auf die Antwort vom Partnerprozeß, die etwa folgende Form hat:

CONNECT CONFIRM (Identifikation der Transportverbindung,
accepted/rejected,
weitere Parameter wie bei Connect Request)

Mit "accepted/rejected" erhält der Prozeß die Mitteilung, ob die Verbindung akzeptiert oder abgelehnt wurde. Die übrigen Parameter geben an, inwiefern die geforderten Qualitätsmerkmale erfüllt werden können.

Beim Abbau der Verbindung ist nur mehr die Identifikation der Transportverbindung nötig, da die Prozesse davon eindeutig bestimmt werden können:

DISCONNECT REQUEST (Identifikation, Grund)
DISCONNECT CONFIRM (Identifikation)

Der Transport von Nachrichten ist das eigentliche Ziel der Transportebene. Nachrichten müssen von der Transportsteuerung (Message Transmission Controller = MTC) gesendet und empfangen werden können:

MESSAGE (Identifikation, Folgenummer, Nachrichtenlänge,
Benutzerdaten)

In ISO-Terminologie werden solche Nachrichten "Transport Service Data Units" (TSDU) genannt.

Die Nachrichtenlänge ist notwendig, um den Pufferbereich zu reservieren (siehe auch Kap. 4.3.2.3.2.1 zur Vermeidung von Verklemmungen).

Analog geschieht das Senden und Empfangen von Bestätigungen:

ACKNOWLEDGEMENT (Identifikation, Folgenummer)

Die End-zu-End-Flußsteuerung wurde eigentlich schon im Rahmen der Netzwerkebene vorweggenommen. Das RFNM bei ARPA ist das beste Beispiel hierfür. Es soll vor allem vermieden werden, daß unbeschränkt Nachrichten in das Netz geschickt werden, wenn die Puffer in den DTEs bereits voll sind und keine Nachrichten mehr aufnehmen können.

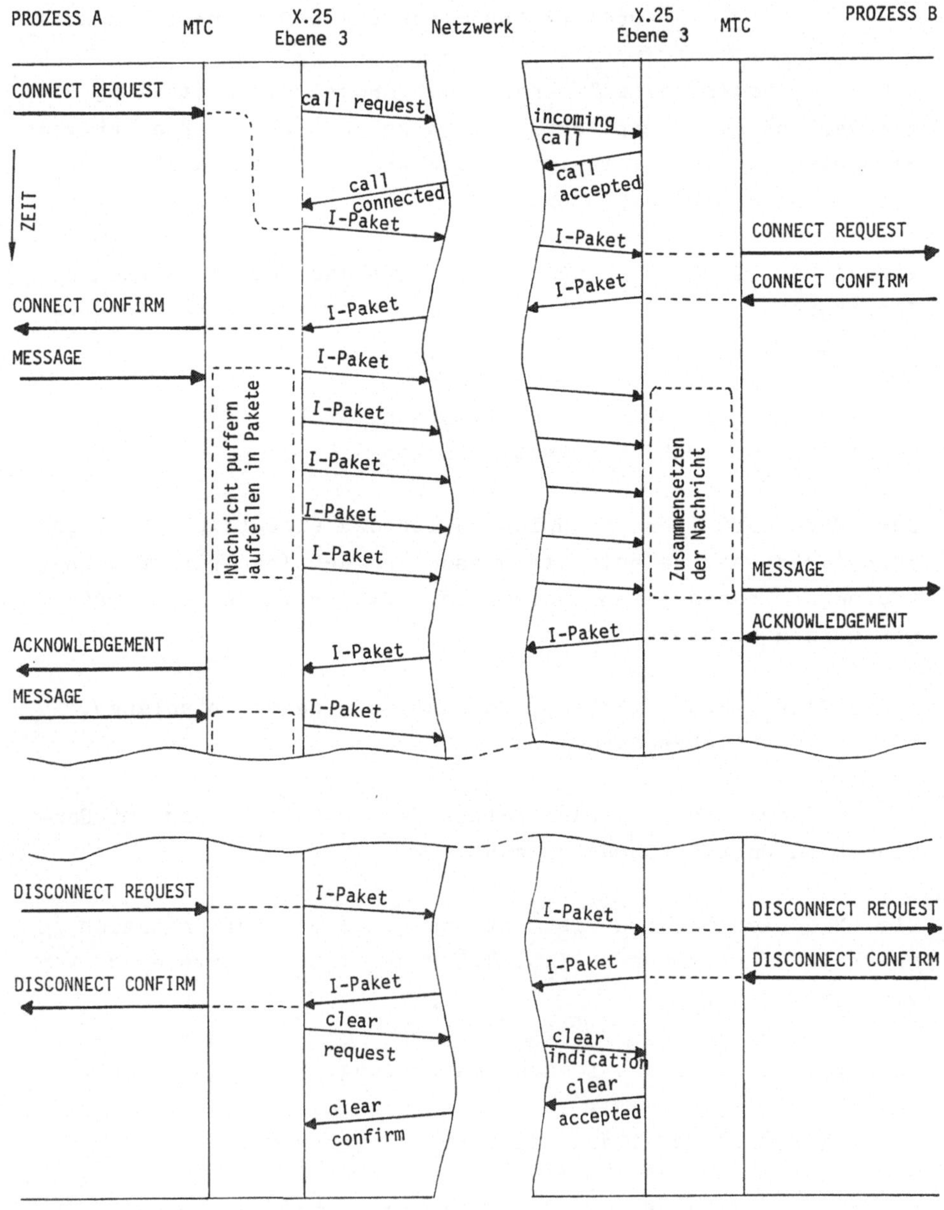

Fig. 4.42 Nachrichtentransport

Darüber hinaus sind im Transport Layer auch Interrupt-Messages oder Expedited TSDUs vorgesehen. Der Transport läuft genauso ab wie bei normalen Nachrichten, soll jedoch völlig unabhängig davon durchgeführt werden können.

Zur Fehlererkennung ist zu bemerken, daß von der Netzwerkebene schon ein verläßliches Service erwartet werden kann. Dennoch können auf den unteren Ebenen etwa bei einem Leitungszusammenbruch undefinierte Zustände entstehen, die bis zur Transportebene hinauf wirken könen. Die einfachste Lösung dieses Problems ist es, jede Nachricht beim Sender so lange zu speichern, bis eine positive Empfangsbestätigung vom Empfänger kommt. Nach Ablauf einer gewissen Zeitspanne ohne Bestätigung wird die Nachricht wiederholt. Da aus der Sicht der Transportebene die End-zu-End-Verbindung einer Einzelleitung logisch ähnlich ist, können die Methoden der Leitungsebene (HDLC) auch hier angewendet werden.

Damit ist das Transportsystem abgeschlossen. In vier Ebenen wird der Transport von Nachrichten zwischen zwei Prozessen, die sich nicht im gleichen Rechner befinden, bewerkstelligt. Dem Anwendersystem gegenüber wird schlicht garantiert, daß Nachrichten von einem Sendepuffer in einen Empfangspuffer transportiert werden, gleichgültig ob Sende- und Empfangspuffer sich am gleichen Ort befinden oder über Leitungen oder ganze Netzwerke miteinander verbunden sind. Vorausgesetzt wird nur, daß diese beiden Puffer eindeutig identifiziert werden und die beiden Prozesse auch tatsächlich bereit sind, miteinander zu kommunizieren. Letzteres ist aber schon eine Aufgabe des Anwendersystems, das im folgenden Abschnitt besprochen wird. Zu den einzelnen Abschnitten des Kapitels 4.3.2 sei noch auf die Literatur verwiesen:

Allgemeine Literatur zu Kap. 4.3.2 ist in folgenden Büchern zu finden: /Boch 79/, /Cyps 78/, /Davi 79/, /Holl 75/, /McQu 78/, /Schn 78/, /Schw 77/.

Weitere Literatur zu den im Rahmen des Transportsystems behandelten Themen findet sich wie folgt:

ISO-Architekturmodell und Protokolle allgemein: /Bruc 79a/, /Hege 81/, /ISO 80a/, /Pouz 76/, /Schi 80/.
X.25, Ebene 1-3: /CCIT 78/, /CCIT 80/, /Folt 80/, /Kunf 80/, /Slom 78/.
Transport Layer (Ebene 4): /EHKP 80/, /ISO 80b/, /Kost 78/, /Vogt 79/, /Wort 81/.

4.3.3 Das Anwendersystem

Da jeglicher Transport vom Transportsystem garantiert wird, geht es im Anwendersystem nur mehr um die Kommunikation zwischen parallelen Prozessen ohne Rücksicht darauf, wo sie ablaufen.

Im Anwendersystem werden drei Ebenen (Layers) unterschieden, die im Gesamtmodell die Ebenen 5-7 umfassen:

5: Session Layer
6: Presentation Layer
7: Application Layer

Zum Unterschied vom Transportsystem gibt es hier noch keinerlei definierte Standards wie etwa X.25. Die Beschreibung der einzelnen Ebenen des Anwendersystems muß sich daher auf eine etwas allgemeinere Beschreibung der Funktionen beschränken. Innerhalb der ISO beschäftigen sich mehrere Arbeitsgruppen damit, Standardprotokolle zu definieren, die Ergebnisse sind aber vorläufig noch bruchstückartig. Selbstverständlich verwenden die heute existierenden Netzwerke wie SNA, DECNET, ARPA etc. Protokolle zur Prozeßkommunikation; sie sind aber teils herstellergebunden (SNA, DECNET) oder aufgrund ihrer Entwicklung nicht hierarchisch aufgebaut, wie es das ISO-Modell verlangen würde (z.B. ARPA), und eignen sich daher nicht für eine internationale Norm.

4.3.3.1 Session Layer

Eine Session ist eine Beziehung zwischen zwei Prozessen zum Zweck der Kommunikation. Aufgabe der Session-Ebene ist es, solche Beziehungen zu unterstützen. Um zwei Anwendungsprozesse in Beziehung treten zu lassen, werden zwischen ihnen Sessions errichtet. Die Anwendungsprozesse sind also die Benutzer der Session. Nach ihrer Errichtung werden die Sessions dazu benutzt, um den Datenaustausch zwischen den Benutzern zu steuern. Dazu gehört auch die Synchronisation der beiden Prozesse. Nach Beendigung des Datentransfers leitet der Benutzer den Sessionabbau ein.

Ein Prozeß muß, um mit einem anderen in Beziehung zu treten, eine Session initiieren:

OPEN REQUEST (Parameter)

Die Session-Ebene sieht Mechanismen vor, um eine Reihe von Parametern zu definieren, die die Art und Weise der Kommunikation, Bedingungen und Abrechnungsmodalitäten für den Datenaustausch und ähnliche Optionen festlegen.

Die Funktionen der Transportebene werden verwendet, um eine Transportverbindung herzustellen, über die die "Verhandlungen" durchgeführt werden. Akzeptiert der angesprochene Prozeß die Session und die ausgehandelten Parameter, gilt die Session als erstellt und die beiden Prozesse sind "Partner".

OPEN RESPONSE (Parameter, accept/reject, Grund)

Ein typisches Beispiel dafür ist die Log-in-Prozedur bei Terminals. Der Benutzer, der über das Terminal mit einem bestimmten Prozeß im Zentralrechner (z.B. Time-sharing System, Dateizugriffsprozeduren, I/O-handling System) in Kommunikation treten will, muß einem genau definierten Log-in-Protokoll folgen. Im Steuerprozeß, der dieses Protokoll abwickelt, müssen Parameter angegeben werden wie etwa: Accountnummer, Losungswort, Dateiname, Zugriffsrechte, Prozeßname usw. Ist der Zielprozeß mit dieser Parameterliste nicht "einverstanden", weil etwa ein falsches Losungswort dem Benutzer keinen Zugriff auf die gewünschte Datei gestattet, so lehnt der angesprochene Prozeß diese Definition einer Session ab und meldet als Grund etwa zurück:

"INVALID PASSWORD"

Meist erhält der Steuerprozeß des Terminals (und damit der das Terminal bedienende Benutzer) die Möglichkeit, diese abgelehnten Parameter zu korrigieren, also etwa ein neues Losungswort anzugeben. Die beiden Prozesse treten auf diese Weise gleichsam in Verhandlungen ein.

Erst wenn die Log-in-Prozedur abgeschlossen ist, und der angesprochene Prozeß die gesamte Parameterliste akzeptiert hat, meldet er das Zustandekommen einer Session mit einem Signal wie etwa

"READY".

Erst ab diesem Zeitpunkt existiert die Session und der eigentliche Datenaustausch, Senden und Empfangen von Session Service Data Units (SSDU) kann beginnen:

SSDU (Session-Identifikation, Benutzerdaten)

Da ein Prozeß gleichzeitig Partner mehrerer Prozesse sein kann, also für ihn mehrere Sessions gleichzeitig existieren können, müssen sie eindeutig identifizierbar sein; dies sowohl lokal aus den eben erwähnten Gründen, als auch global im gesamten System, vor allem aus Gründen der Abrechnung. Diese Session-Identifikation ist ebenfalls Aufgabe der Session-Ebene.

Der Datenaustausch selbst wird vom Transportsystem bewerkstelligt, aber eine gewisse Koordination und Synchronisation der Prozesse obliegt der Session-Ebene.

Zu den Koordinationsfunktionen gehört die eindeutige Vergabe der Sendeberechtigung, sodaß zu jedem Zeitpunkt festgelegt ist, welcher der beiden Partner berechtigt ist, SSDUs zu senden. Für dieses sogenannte "Turn Management" gibt es drei Typen:

- Two way simultaneous (TWS): Beide Partner können gleichzeitig senden.

- Two way alternate (TWA): Nur ein Partner kann senden, die Sendeberechtigung kann aber wechseln.

- Monologue: Die Sendeberechtigung verbleibt immer auf einer Seite.

Während für TWS und Monologue das "Turn Management" einfach ist, muß im Falle von TWA ein Mechanismus festgelegt sein, unter welchen Umständen die Sendeberechtigung angefordert werden und an den Partnerprozeß übergeben werden kann.

Die Synchronisation einer Session besteht aus zwei Diensten, dem "Labelling Service" und dem "Resynchronization Service". Bei ersterem wird eine Marke (label) in die Daten gesetzt, die als Wiederaufsetzpunkt im Fehlerfall dient:

SET LABEL (Session-Identifikation, label-Nr.)

Das Setzen der Marke wird bestätigt. Dies bedeutet auch, daß die Daten bis zur letzten bestätigten Marke richtig empfangen und sicher abgespeichert wurden. Im Falle eines Verlustes von Daten kann der Datenaustausch von der letzten Marke aus wiederholt werden:

RESYNCHRONIZE (Session-Identifikation, label-Nr.)

Um den Austausch wichtiger Steuerinformation unter Umgehung des normalen Datenflusses zu bewirken, gibt es auch im Session Layer die Möglichkeit, Expedited SSDUs zu übertragen. ESSDUs sind nicht von der allgemeinen Sendeberechtigung abhängig.

Schließlich kann eine Session wieder ordnungsgemäß beendet werden:

CLOSE (Session-Identifikation)

Dabei wird nun bei beidseitigem Einverständnis die Session beendet und der Verlust von Daten ausgeschlossen.

Eine weitere Funktion des Session Layers ist die "ABORT"-Funktion. Man versteht darunter den nicht ordnungsgemäßen Abbruch der Kommunikation, was zur Folge hat, daß noch unbestätigte Daten verlorengehen können.

Ein ABORT kann vom Benutzer direkt initiiert werden, wenn er etwa die begonnene Datentransportphase abbrechen will (z. B. Betätigen der "Break"- oder "Reset"-Taste an Terminals). Der Benutzerprozeß kann eine Session unterbrechen, wenn die Vereinbarung über gewisse Sessionparameter (z. B. Zeitlimits etc.) nicht eingehalten wird oder nicht korrigierbare Fehler auftreten (z. B. Verlust von Daten durch Fehler der unteren Ebenen).

Ein ABORT kann auch vom Transportsystem angezeigt werden, wenn dieses nicht mehr in der Lage ist, die geforderten Dienste zu erbringen (z. B. Leitungsausfall, durch Flußkontrolle nicht erkannte Verstopfung des Netzes etc.).

Je nach Ursache für diese drastische Maßnahme muß nach neuerlichem Sessionaufbau die Anwendung neu gestartet werden oder aber die alte kann mittels RESYNCHRONIZE fortgesetzt werden.

Wie bereits erwähnt, gibt es noch keine international anerkannten Normen und Standards. Viele Fragen sind noch offen, manche Probleme noch nicht völlig geklärt. Einige dieser offenen Fragen seien hier kurz erwähnt:

- Ist es sinnvoll, mehrere Sessions über eine Transportverbindung zu multiplexen (wie etwa bei Ebene 3 und 2)?

- Können Anwendungsprozesse selbst über mehrere Orte verteilt sein und wie werden Sessions dann definiert?

- Reichen die Flußmengensteuerungsmechanismen der unteren Ebenen aus oder sind auf Session-Ebene ebenfalls welche nötig?

- Welche Bestätigungsmechanismen sind sinnvoll?

- Welche Maßnahmen sind für den Fall eines Session-Zusammenbruches notwendig?

- Wie gestalten sich die Beziehungen zwischen der Session-Verwaltung und der Verwaltung der verteilten Anwendungen bzw. des Betriebssystems (z.B. Betriebsmittelübergabe, Sicherheitsprüfungen, Adressenverwaltung)?

Die angegebene Liste ist keineswegs vollständig; sie soll nur einen kleinen Einblick in die noch anstehenden Probleme geben.

4.3.3.2 Presentation Layer

Während der Session Layer sich mit der Verwaltung von Sessions beschäftigt und dabei auf den Inhalt der zwischen Prozessen auszutauschenden Daten nicht eingeht, so werden gerade auf dem Presentation Layer diese Daten näher betrachtet. Zweck dieser Ebene ist es, der Anwendungsebene die Interpretation der Daten zu ermöglichen. In homogenen Systemen bestehen diesbezüglich kaum Schwierigkeiten, da davon ausgegangen werden kann, daß die beiden kommunizierenden Prozesse dieselbe Interpretation der Daten vornehmen. In heterogenen Systemen, das sind Systeme mit unterschiedlichen Rechnern und unterschiedlicher Peripherie, arbeiten kommunizierende Prozesse womöglich unter gänzlich verschiedenen Voraussetzungen. Die verwendeten Datenformate, Steuersprachen und Filestrukturen können dabei so unterschiedlich sein, daß sie ohne vorherige Transformation nicht interpretierbar wären. In heterogenen Systemen besteht die Hauptaufgabe der Presentation-Steuerung darin, die Information zu transformieren und an die entsprechenden speziellen Gegebenheiten des Empfangsprozesses anzupassen. Dabei gibt es grundsätzlich vier Möglichkeiten, wie Fig. 4.43 zeigt.

Der erste und dritte Fall sind logisch äquivalent. Die Daten und Steuerfunktionen, die Prozeß P_A an Prozeß P_B weitergeben will, werden vom Format A in Format B übergeführt. Eine derartige Lösung wird in der Praxis häufig angewendet, da sie relativ einfach durchgeführt werden kann. Die Transformationsfunktionen können genau auf die beiden Formate abgestimmt werden. Der Nachteil ist, daß für jedes Paar von Formaten ein eigener Transformationsmodul angefertigt werden muß. Bei n möglichen Formaten sind daher n(n-1) Transformationsmodule erforderlich.

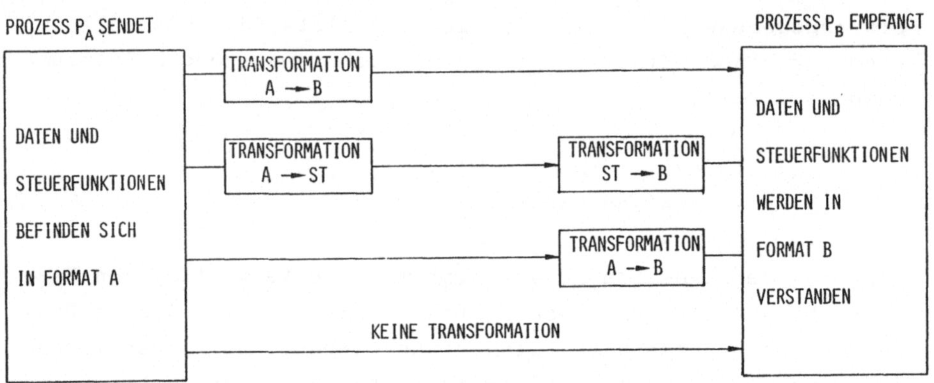

Fig. 4.43 Transformationen von Daten auf der Presentation-Ebene

Im zweiten Fall wird die Information aus dem Format A in ein Standardformat ST und dann von ST in B übergeführt. Der Vorteil dieser Lösung ist, daß nur 2n Transformationsmodule notwendig sind. Die Schwierigkeit besteht jedoch darin, das Standardformat ST allgemein genug zu definieren, sodaß es sämtliche denkbaren Formate umfaßt.

Der letzte Fall (keine Transformation) ist nur in homogenen Systemen möglich, wo A = B, d.h. die beiden Formate identisch sind.

Eine Zwischenlösung, die Standards für gewisse Formatklassen definiert, ist vorstellbar. Damit wird die Schwierigkeit, einen allzu allgemeinen Standard definieren zu müssen, vermieden, aber eine gewisse Standardisierung für Gruppen ähnlicher Formate ist dennoch gewährleistet.

Im ISO-Modell werden diese Standards "Presentation Images" genannt. Am Beginn der Kommunikation zweier Prozesse, nach Errichtung der Session, stehen die "Verhandlungen" über die zu verwendenden "Presentation Images". Jeder der beiden Prozesse muß Mitteilung darüber machen, welche "Presentation Images" von ihm verstanden werden können. Die endgültige Definition eines Presentation Image kann auf diese Weise "verhandelt" werden.

Gemäß den Hauptanwendungsgebieten von Rechnernetzwerken wird versucht, drei große Gruppen von Presentation Images zu definieren:

a) Virtual Terminal
b) Virtual File System
c) Virtual Job Service

zu a) Der Zugriff zu einem zentralen Rechner geschieht größtenteils über Terminals. Eine Vielzahl von Herstellern bietet eine noch größere Mannigfaltigkeit an Terminals an. Diese reichen von einfachen asynchronen Teletypes bis zu intelligenten Mikroprozessor-gesteuerten Bildschirmgeräten. Viele dieser Terminals besitzen sehr ähnliche Funktionen, die aber auf unterschiedliche Weise repräsentiert sind.

Da ein Hostsystem nicht die gesamte Vielfalt von Terminals unterstützen kann, werden die realen Terminals auf standardisierte "virtuelle" Terminals abgebildet. Diese sind die Standard Presentation Images ST aus Fig. 4.43. Aus der Sicht des Anwendungsprozesses ist eine Kenntnis des realen Terminals nicht mehr nötig. Jedes Terminal sieht aus wie das VT. Das reale Terminal braucht einen Emulator, der nach außen hin das virtuelle Terminal vortäuscht.

Auf der Hostseite wird das virtuelle Terminal über den VT-Steuerungsprozeß angesprochen. Dieser ist das Kernstück des Presentation Layers und wickelt das "Virtuelle-Terminal-Protokoll" ab.

Wollte man alle denkbaren Terminal-Funktionen in einem VT unterbringen, ergäbe sich ein VT von einer Komplexität, die wohl von keiner Anwendung voll benötigt wird.

Virtuelle Terminals werden daher meist für Klassen ähnlicher Terminals (z.B. Start-Stop-Terminals) erstellt. Zum Zeitpunkt der Verbindungserstellung werden über das VT-Protokoll Verhandlungen über die Parameter geführt, die dann das VT bestimmen.

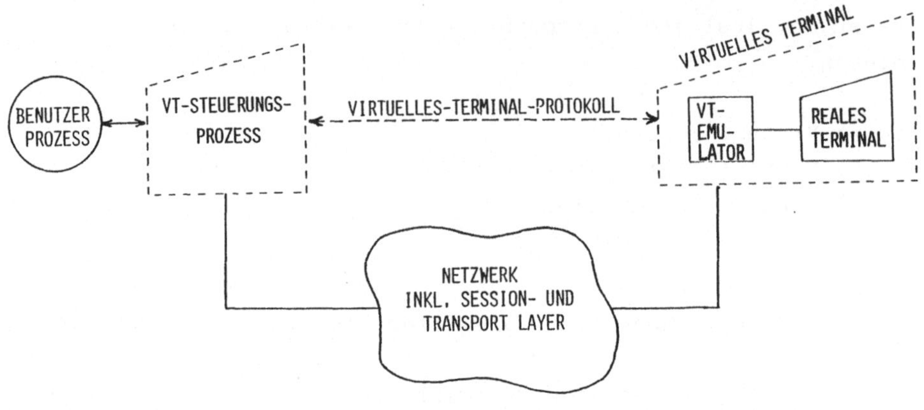

Fig. 4.44 Virtuelles Terminal

Die Abbildung zwischen realem und virtuellem Terminal kann

- direkt in einem programmierbaren Terminal,
- in einem Kleinrechner, an den nichtprogrammierbare Terminals angeschlossen werden,
- in einem PAD (Packet Assembly Disassembly), welches in einem Netzknoten (DCE) abläuft, an den nichtprogrammierbare Terminals direkt angeschlossen werden,

durchgeführt werden.

Unter den virtuellen Terminals gibt es derzeit ein Standardprotokoll nur für zeichenorientierte Start-Stop-Terminals. Die CCITT-Empfehlung X.28 zwischen einem solchen Terminal und einem PAD ermöglicht auch diesen einfachen Terminals den Zugang zu einem X.25-Netz. Zwischen PAD und einem Wirtrechner läuft das

Protokoll X.29 ab, das eigentliche VT-Protokoll. PAD wurde von CCITT unter dem Namen X.3 genormt.

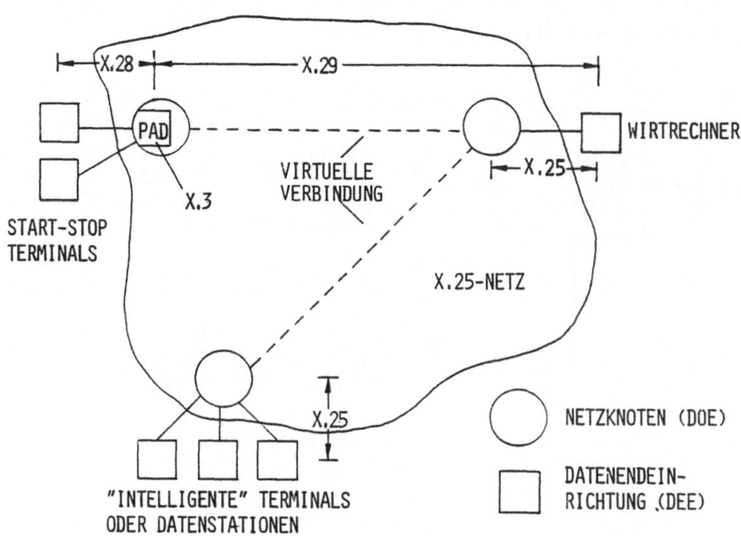

Abb. 4.45 Anschluß von asynchronen Start-Stop-Terminals an ein X.25-Netz

zu b) Eine wesentliche Funktion, insbesondere von öffentlichen Netzwerken, ist der Zugriff auf eine Fülle von Datenbanken durch verschiedene Benutzer. Diese Datenbanken sind zumeist auf recht unterschiedliche Weise realisiert, die Zugriffsmethoden häufig herstellerabhängig. Ähnliche Dateiorganisationsformen sind oft nicht kompatibel.

Analog zur Idee des virtuellen Terminals entstand hier die Idee eines virtuellen Filesystems (VFS). Zweck des VFS ist es, die Fülle der verschiedenen lokalen Filesysteme, zu denen Anwendungsprozesse Zugang haben müssen, in standardisierter Weise zu repräsentieren. Die Anforderungen des Benutzers an das Filesystem müssen in die Formate des virtuellen Filesystems transformiert werden.

Der Benutzer braucht nun nicht mehr die Details der realen Dateien zu kennen, sondern kann mittels des VF-Protokolls das VFS des Partners ansprechen. Dort ermöglicht nun eine Transformation ins lokale Filesystem den Zugriff auf die realen Daten.

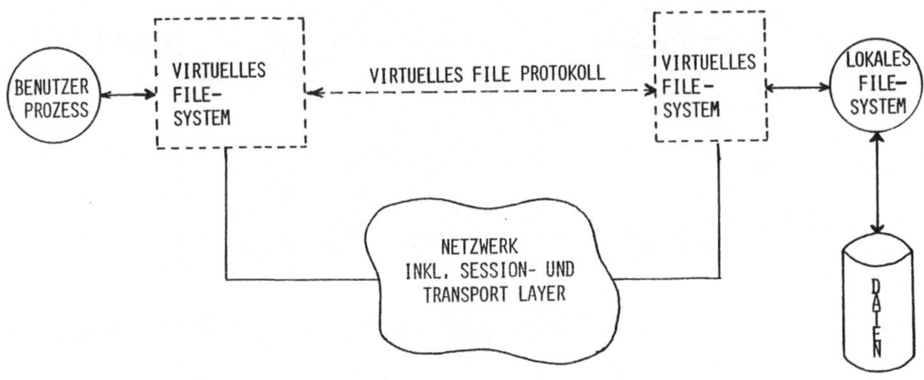

Fig. 4.46 Virtuelles Filesystem

Drei Funktionen werden dabei unterschieden:

- Dateiverwaltung (File Management)

  Dazu gehören Neubildung von Files, Sicherung vor unerlaubtem Zugriff, Löschen von Files, Umbenennungen, Änderung von Attributen, Reorganisation, Katalogisierung, etc.

- Dateiübermittlung (File Transfer)

  Das ist das Übertragen einer ganzen Datei oder eines Teiles davon von einem Sendersystem zu einem Empfängersystem. Im Empfängersystem kann dabei eine neue Datei gebildet werden oder die übertragene Datei wird an eine existierende angehängt oder überschreibt diese. Auf alle Fälle sind die Filesysteme sowohl des Senders als auch des Empfängers am File Transfer beteiligt. Transformationen zwischen lokalem und virtuellem Filesystem sind bei beiden Endsystemen erforderlich.

- Dateizugriff (File Access)

  Darunter fallen das Lesen, Schreiben und Verändern von Daten einer Datei im offenen System. Zwar gibt es auch hier einen Datentransfer, der Unterschied zum File Transfer ist jedoch, daß nur ein Filesystem angesprochen wird, da es sich hier nur um den Zugriff auf einzelne Datenelemente handelt und keine zweite Datei involviert ist.

zu c) Remote Job Entry, entfernte Job-Eingabe, ist eine weitere wichtige Funktion von Netzwerken. Darunter versteht man die Möglichkeit, von einer Datenstation oder einem Terminal aus Batch-Jobs auf einem entfernten Rechner ausführen zu lassen. Zu diesem Zweck tritt die Job-Steuerung in der Datenstation mit der Job-Steuerung im Hostrechner in Kommunikation.

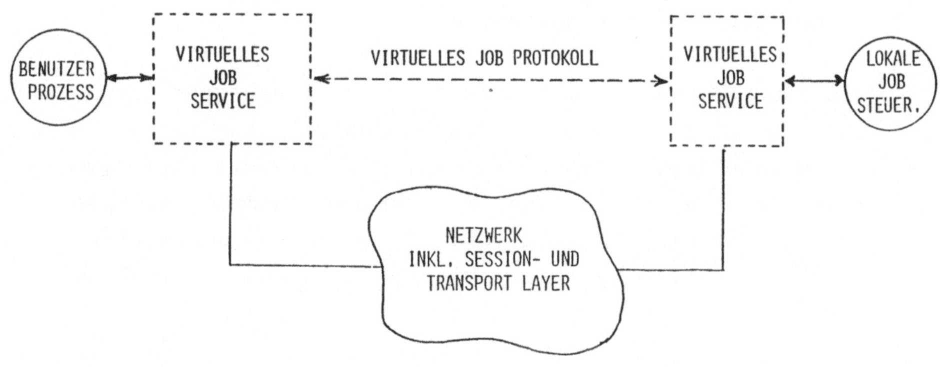

Fig. 4.47 Virtuelles Job Service

Wie schon in den beiden vorhergehenden Abschnitten tritt auch hier wieder das Problem der unterschiedlichen Systeme auf, zu deren Überwindung Dienstleistungen des Presentation Layers in Form eines virtuellen

Job Service (VJS) in Anspruch genommen werden müssen. Die Probleme sind hier vielleicht noch gravierender als bei der Standardisierung von Terminals oder Filesystemen, da bei Job Processing die Unterschiedlichkeit der Betriebssysteme im offenen System besonders zum Tragen kommt.

Der Ablauf kann in drei Hauptphasen gegliedert werden:

- Übertragen der Job-Datei
  Dies ist ein File-Transfer, wobei die Datei als Job-Datei gekennzeichnet werden muß.

- Job-Steuerung (Job Control)
  Dies ist die spezifisch joborientierte Phase. Ihre Funktion umfasst Interpretation der verwendeten Job Control Language (JCL), Identifizierung von Benutzerdateien und der Jobausgabe-Datei, Abfrage des Verarbeitungsstatus, Jobannulierung.

- Übertragen der Ausgabe-Datei zur spezifizierten Ausgabestation. Hiezu ist wiederum lediglich ein normaler File Transfer notwendig.

Die Identifizierung der Benutzer- und Jobausgabe-Dateien läßt sich in einer netzwerkeinheitlichen Weise im VJS darstellen, falls ein netzwerkweiter Adressierungsmechanismus besteht. Für die übrigen Funktionen, also Interpretation von JCL, Statusabfrage und Jobannulierung lassen sich zwei verschiedene Methoden unterscheiden:

- Der Benutzer des virtuellen Job Service definiert seinen Job in der JCL des jeweiligen Rechners, an dem der Job ausgeführt werden soll, und das VJS regelt lediglich den Job Transfer.

- Der Benutzer definiert seinen Job in einer netzwerkeinheitlichen Form, also etwa einer "Virtual JCL". Die Transformation und Interpretation muß dann ebenfalls vom VJS übernommen werden. Die enormen Unterschiede in der Art der Job-Steuerung zwischen verschiedenen Systemen lassen jedoch eine "Virtual JCL" als derzeit unrealistisch erscheinen.

Aus der Sicht der kommunizierenden Anwendungsprozesse ist das Netzwerk nun homogen und völlig transparent, d.h. das Netzwerk selbst tritt nicht mehr in Erscheinung. Es gibt nur mehr parallele Prozesse, die in einem homogenen Gesamtsystem miteinander kommunizieren.

4.3.3.3 Application Layer

Auf dieser höchsten Ebene führen die Anwendungsprozesse die Anwendungen der Benutzer aus. Die Art und Weise, in der Prozesse miteinander kommunizieren, ist völlig anwendungsspezifisch. Es kann daher auf dieser Ebene keine sinnvollen allgemeingültigen Standards geben. Dennoch können gewisse Gruppen von Anwendungsprotokollen unterschieden werden:

- Verwaltungs- und Systemprotokolle
- Unternehmensspezifische Protokolle

In die erste Gruppe fällt die Verwaltung des gesamten verteilten Systems, die Koordinierung der parallelen Prozesse, Schutz vor unerlaubtem Zugriff, die Verrechnung der Systemleistungen, Überwachung der Betriebsmittelvergabe, Vermeidung von Verklemmungen (deadlocks). Konkret werden die meisten dieser Aufgaben vom Betriebssystem bzw. der Netzwerksteuerung wahrgenommen. Diese Systemprozesse werden aus der Sicht der Application-Ebene ebenfalls als Anwendungsprogramm interpretiert und treten mit Hilfe der darunterliegenden Ebenen miteinander in Kommunikation.

Dabei werden einige der Aufgaben an tieferliegende Ebenen delegiert, um etwa Zugriffsbeschränkungen schon beim Aufbau einer Session zu erkennen.

Auch Systemprozesse wie File-Management und Job-Steuerung sind in gewissem Sinn Anwendungsdienste auf der Application-Ebene, woraus man schon erkennen kann, daß die Trennung zwischen Application und Presentation Layer nicht immer scharf gezogen werden kann. Bei File Transfer etwa könnte man die Auswahl von Parametern des virtuellen Filesystems und die Transformation in die Standardformate im Presentation Layer, die Durchführung des File Transfers im Application Layer ansiedeln, obwohl auch diese Trennung bei einer praktischen Implementierung schwierig ist.

Während bei den Systemprotokollen gewisse Standardisierungen noch vorstellbar sind, so sind sie es bei der Gruppe der unternehmensspezifischen Protokolle sicher nicht mehr. Es bleibt gänzlich den Benutzern überlassen, wie sie in der Anwendungsphase selbst ihre Prozesse miteinander kommunizieren lassen. Die Vorschriften, die durch niedrigere Ebenen (insbesondere durch die Session-Ebene beim Aufbau einer Session) gegeben sind, sind freilich einzuhalten.

Innerhalb bestimmter Benutzergruppen ist es oft sinnvoll, Anwendungsprotokolle zu standardisieren (z.B. Bank-Protokolle, Flugreservierungssysteme), aber internationale Standards wie etwa auf den Ebenen 1-3 sind hier nicht zielführend.

Das Gebiet der verteilten Datenbanken (distributed data bases), das ebenfalls in den Bereich der Anwendungen fällt, wirft eine Fülle von neuen Problemen bezüglich Topologie der Verteilung, Redundanz der Daten, Datenbankverwaltung, Synchronisation der Zugriffe, parallele Verarbeitung, Übersetzung der Datenbankschemen etc. auf, die nicht mehr in diesem Rahmen abgehandelt werden können.

Bezüglich der höheren Protokolle gibt es in Büchern noch sehr wenig Literatur. Ansätze findet man in: /Boch 79/, /Davi 79/, /Holl 75/, /Schn 78/.

Spezielle Literatur zu den Themen von Kap. 4.3.3 läßt sich wie folgt aufgliedern:

Höhere Protokolle allgemein:	/Bruc 79b/, /ISO 80a/, /Spet 81/, /Toda 80/.
Session Layer:	/Schi 81/, /Vogt 79/.
Virtuelles Terminal:	/Börg 77/, /Day 80/, /Jame 78/, /Magn 79/, /Wosn 80/.

Virtuelles Filesystem: /Brem 77/, /Gien 78/, /Haig 78/, /Rayn 80/, /Pope 80/.

Virtuelles Job Service: /Bres 72/, /Hein 77/, /Keru 79/.

4.3.4 Anschluß an Fremdnetze (Gateways)

Einen besonderen Aspekt haben wir bisher völlig außer acht gelassen; er wird auch im hier behandelten 7-stufigen ISO-Modell nicht angesprochen: Der Anschluß an Fremdnetze.

Während das Transportsystem des ISO-Modells davon ausgeht, daß Verbindungen auf allen Ebenen innerhalb eines wohldefinierten Netzwerkes zustande kommen, ist es in der Praxis oft wünschenswert, zu mehreren, an sich voneinander unabhängigen Netzwerken zugreifen zu können. Man möchte es sogar ermöglichen, daß sich einzelne Benutzer Zugang zu Netzen verschaffen, an die sie von vornherein überhaupt nicht angeschlossen sind, die also nur auf dem Umweg über ein anderes Netz erreichbar sind. Dabei kann es vorkommen, daß die beiden betroffenen Netze auf völlig unterschiedlichen Technologien, sowohl in der Hardware als auch in der Software, aufgebaut sind.

Zur Verdeutlichung sei ein konkretes Beispiel angeführt:

Ein österreichischer Benutzer möchte auf die Daten eines Informationssystems zugreifen, welches sich in einem Hostsystem von EURONET-DIANE in Paris befindet. DIANE (Direct Information Access Network for Europe) bezeichnet eine Reihe von europäischen Informations- und Dokumentationszentren (schon über 150), während unter EURONET das Informationstransportnetz zu verstehen ist, das den Zugriff auf die in DIANE zusammengeschlossenen Informationszentren durch Benutzer aus allen EG-Staaten ermöglicht. Da Österreich keinen EURONET-Knoten besitzt, besteht für den Benutzer keine Möglichkeit, direkt auf DIANE zuzugreifen.

Um einen solchen Zugriff dennoch zu gestatten, ist es möglich, zwei Netze, DATEX-P in Österreich und EURONET, durch ein sogenanntes Gateway zu koppeln.*) Ein Gateway ist die Anschlußsoftware zwischen zwei Knoten in verschiedenen Netzwerken.

Im konkreten Fall muß der Benutzer über DATEX-P den Knoten in Wien anwählen. Dort wird über das Gateway der Anschluß an den EURONET-Knoten in Frankfurt/Main hergestellt. Innerhalb von EURONET wird dann die Verbindung weiter nach Paris aufgebaut (siehe Fig. 4.48).

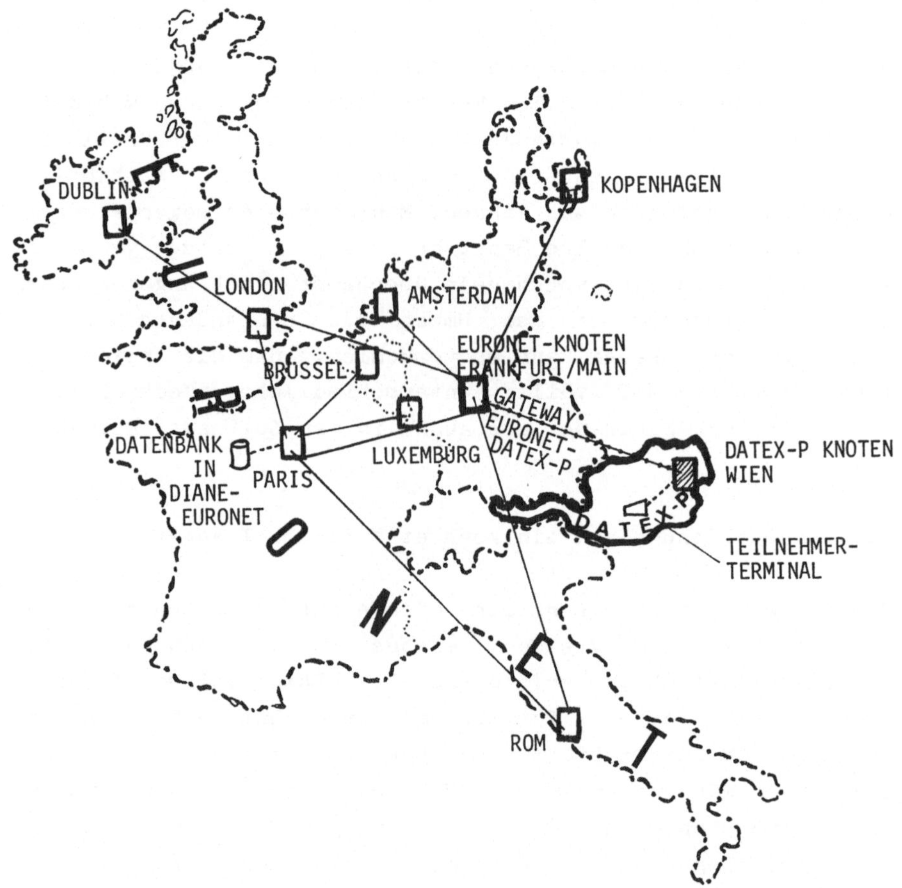

Fig. 4.48 Gateway zwischen dem DATEX-P-Knoten in Wien und dem EURONET-Knoten in Frankfurt/Main

----

*) Erst nach Inbetriebnahme von DATEX-P im Jahre 1982 und nach Klärung der juristischen Voraussetzungen möglich.

In unserem Beispiel sind die durchlaufenen Netze ähnlicher Natur: DATEX-P ist genauso wie EURONET ein speicherndes paketschaltendes Netz mit virtuellen Verbindungen. Dies muß jedoch keineswegs der Fall sein. Ein Gateway könnte auch etwa ein lokales Netz mit Broadcast-System (siehe Kap. 4.5) an ein öffentliches Paket- oder Leitungsvermittlungsnetz anschließen. Die Struktur dieser Netze wäre dann völlig verschieden. Die Übertragungsprotokolle wären dann ebenfalls sehr unterschiedlich und müßten daher im Gateway aneinander angepaßt werden.

Die Funktionen des Gateway sind:

- Anpassung der unterschiedlichen Codes und Protokolle
- Umsetzung der Adressen in den Adreßraum des jeweils anderen Netzes
- Anpassung der Mechanismen für Fluß- und Wegsteuerung
- Puffern von Nachrichten zur Umsetzung der unterschiedlichen Übertragungsweisen (z.B. Leitungs- und Paketschalten)

Die Funktionen des Gateway fallen in den Bereich der Netzwerkebene (Ebene 3) im Sinne des ISO-Modells. Die Komplexität dieser Funktionen ist proportional zum Grad der Verschiedenartigkeit der beiden Netze.

Von CCITT gibt es eine diesbezügliche Empfehlung, ein Gateway-Protokoll mit der Bezeichnung X.75. Es basiert im wesentlichen auf dem Schnittstellenprotokoll X.25, verbindet jedoch zwei Netze miteinander anstatt ein Netz mit einem DTE über X.25 (Fig. 4.49).

Wenn ein Netz an sich bereits den Anforderungen von X.25 genügt, so reduzieren sich die Gateway-Funktionen (Anpassung an X.75) auf die normalen Protokolle der Netzwerkebene, bei gänzlich anderen Netzwerkorganisationen kann der Aufwand der Umsetzung auf den X.75-Standard jedoch ganz erheblich sein. Eine weitgehende Standardisierung der Funktionen des Transportsystems (Ebene 1-4) verringert daher die Anforderungen an ein Gateway. Im Extremfall könnten zwei Netze wie in Fig. 4.49, wenn sie völlig gleichartig sind, als ein einziges

Netz, die Verbindung über die Schnittstelle X.75 als normale Verbindung zweier Netzknoten aufgefaßt werden (vgl. Fig. 4.49 mit Fig. 4.28).

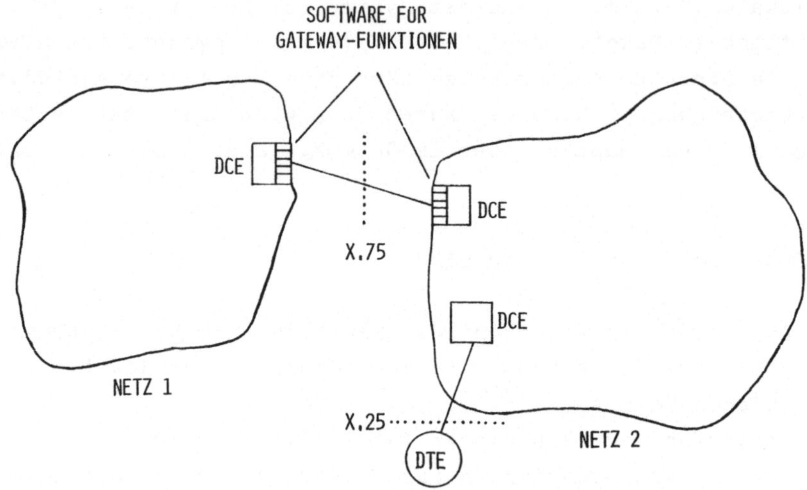

Fig. 4.49 Gateway-Schnittstelle X.75

In Büchern wird dieses Thema von /Boch 79/ und /Schn 78/ behandelt. Weitere Literatur zu Kap. 4.3.4 findet sich in /ASSA 80/, /BMWF 78/, /Post 80/, /Shoc 78/.

4.4 Rückblick

Wir haben uns in diesem Abschnitt sowohl mit nichtspeichernden als auch mit speichernden Netzen befaßt. Es erhebt sich nun die Frage, ob diese beiden Arten untereinander austauschbar sind, oder ob eine der beiden Technologien der anderen grundsätzlich überlegen ist.

Nichtspeichernde oder leitungsschaltende Netze haben sich als natürliche Weiterführung des Fernsprech- und Telexverkehrs entwickelt, während die Paketvermittlung, also speichernde Netzwerke, erst mit der Datenfernübertragung aufgekommen sind. Der Schluß liegt nahe, das Leitungsschalten werde nur mehr als Übergangslösung verwendet, bis durch Standardisierung und den Ausbau von engmaschigen Netzen die Paketvermittlung auch ökonomisch überlegen ist.

Durch das Konzept der logischen Verbindung wird keine physische Verbindung (Leitung) für längere Zeit blockiert. Sie ist nur dann belegt, wenn tatsächlich Datenblöcke über die logische Verbindung übertragen werden. Eine wesentlich bessere Ausnützung der Leitung kann auf diese Weise erreicht werden.

Jedoch ist zu berücksichtigen, daß beim Betrieb von logischen Verbindungen ein gewisser Verwaltungsaufwand hinzukommt, nämlich das Aufteilen in Pakete, die Wegsteuerung, die Flußsteuerung u. ä. Dieser Aufwand fällt bei nichtspeichernden Netzen weg. Nach Verbindungsaufbau besteht praktisch eine Einzelleitung, auf der die Probleme der Netzwerkebene (Ebene 3) nicht existieren.

In der folgenden Tabelle soll ein grober Vergleich angestellt werden:

Dauer der Verbindung (Session)	Menge der zu übertragenden Daten	Leitungsschalten	Paketschalten	Bemerkungen
Kurz	Wenig	Ungünstig (Verbindungsaufbau dauert lang)	Datagram günstig (praktisch kein Verbindungsaufbau)	Kurze Anfragen Kurze Antworten
Lang	Wenig (kurze Nachrichten in großen Zeitabständen)	Ungünstig (schlechte Ausnützung der Leitung)	Virtuelle Verbindung günstig (geringerer Overhead als Datagram)	Real-Time Betrieb mit sporadischem Zugriff (z. B. Prozeßüberwachung)
	Viel	günstig (gute Ausnützung, geringer Overhead)	Ungünstig (Overhead größer als bei Leitungsschalten)	Übertragung ganzer Dateien (z. B. gesammelte Daten eines ganzen Tages)

Fig. 4.50 Vergleich Leitungsschalten - Paketschalten

Dieser Vergleich schlägt sich auch in der Tarifpolitik der Postverwaltungen nieder:

So wird die Datenübertragung über ein leitungsvermittelndes Netz (z. B. DATEX-L) zeitabhängig verrechnet, unabhängig davon, ob die Verbindung auch entsprechend ausgenützt wird.

Beim Paketvermittlungsnetz (z. B. DATEX-P) werden die Gebühren fast ausschließlich vom Datenvolumen bestimmt und nur zu einem geringen Teil von der Verbindungsdauer, um ein unnötiges Blockieren der Anschlüsse zu vermeiden.

Dies führt den Kunden auch über die Gebühren dazu, jenes Netz für seine Anwendungen zu bevorzugen, das auch vom technischen Standpunkt aus günstiger ist.

Der Unterschied zwischen beiden Technologien besteht in erster Linie in der Art des Datentransportes, also im Transportsystem (Ebene 1-4). Da das Anwendersystem (Ebene 5-7) vom Transport unabhängig ist, ist dort auch keine Unterscheidung mehr notwendig. Der Grund, warum dennoch das Anwendersystem unter den speichernden Netzwerken behandelt wurde, liegt darin, daß die Strukturierung in 7 Ebenen durch ISO in erster Linie für speichernde Netze entworfen wurde.

Um nochmals das Wichtigste zusammenzufassen:

- Das Transportsystem beschäftigt sich mit dem Transport von Informationen zwischen zwei Endpunkten. Dies kann durch ein nichtspeicherndes Netz realisiert werden, wobei wie im Telefonnetz zwischen einer Quelle (Anrufer) und einer Senke (Zieladresse = zu wählende Nummer) eine physische Verbindung durchgeschaltet wird. Daten werden über diese Verbindung zwischen den beiden Endpunkten gemäß definierter Leitungsprotokolle (Ebene 2) übertragen. Solange diese Verbindung aufrechterhalten wird (Dauer des Gesprächs), ist die Leitung besetzt, egal ob Daten übertragen werden oder nicht.

  Bei speichernden Netzwerken werden im Transportsystem vier Ebenen unterschieden:

- Physical Layer: Dort wird die physische Übertragung von Signalen über ein Übertragungsmedium definiert.

- Link Layer: Dort wird die Übertragung von Datenblöcken über Einzelleitungen definiert. Wie schon erwähnt, kann eine durchgeschaltete Wählverbindung auch eine solche Einzelleitung repräsentieren.

- Network Layer: Auf dieser Ebene wird definiert, in welcher Weise die auf Leitungsebene übertragenen Datenblöcke zwischengespeichert und über welche Wege sie durch das Netz weitergeschickt werden.

- Transport Layer: Hier sind die End-zu-End-Protokolle definiert, um zu gewährleisten, daß die Nachrichten, die durch das Netzwerk geschleust wurden, fehlerfrei und in der richtigen Reihenfolge an den Empfängerprozeß übergeben werden. Diese Ebene bildet den einheitlichen Abschluß des Transportsystems, sodaß das Anwendersystem unabhängig von der Transporttechnologie (speichernd-nichtspeichernd etc.) Informationen senden bzw. empfangen kann.

- Das Anwendersystem beschäftigt sich nur mehr mit der Kommunikation von Anwendungsprozessen. Die drei Ebenen sind:

  - Session Layer: Sogenannte Sessions (aus dem Begriff Terminal-Session (Sitzung) übernommen), das sind Vereinbarungen über die Art und Weise der Kommunikation zwischen zwei bestimmten Prozessen, werden ausgehandelt und erstellt; auf die Einhaltung der Vereinbarungen wird geachtet.

  - Presentation Layer: Um die Verschiedenartigkeit von Geräten und Datenstrukturen auszugleichen, werden virtuelle Standarddefinitionen vereinbart; die wichtigsten sind

    Virtuelles Terminal
    Vrtuelles File System
    Virtuelles Job Service

Durch Anpassung an diese virtuellen Standards werden Prozesse von ihrer realen Umgebung unabhängig.

- Application Layer: Hier residieren die Anwendungsprozesse, die miteinander in Verbindung treten wollen. Auf dieser Ebene müssen Vereinbarungen frei getroffen werden. Eventuelle Standards sind anwendungsspezifisch.

4.5 Broadcast-Systeme

4.5.1 Übertragungstechniken für Broadcast-Systeme

Zu allererst bezieht sich der Ausdruck "Broadcast-System" auf eine besondere Übertragungstechnik. Während bei herkömmlichen Rechnernetzen, unabhängig von der Vermittlungstechnik, die Rechner und Netzknoten durch Leitungen verbunden sind, beruhen Broadcast-Systeme ursprünglich auf der drahtlosen Kommunikation. Datenübertragung auf Richtfunkstrecken oder durch Rundfunkübertragung ist technisch schon seit längerem möglich. Als Übertragungstechnik in Rechnernetzen tritt Broadcasting erstmals im ALOHA-Netz auf, einem Datennetz, das die Hawaii-Inseln umfaßt. Aus der besonderen geographischen Lage der Pazifikinseln ergab sich, daß die Datenübertragung durch Rundfunk kostengünstiger war als das Verlegen von Leitungen im Pazifik. Das ALOHA-Netz wurde dadurch zum Prototyp von Broadcast-Systemen im allgemeinen.

Das Wesen der Rundfunkübertragung ist, daß die vom Sender ausgesandten Signale innerhalb seiner Reichweite von jedem Empfangssystem aufgenommen werden können. Eine Nachricht wird daher nicht nur von dem Empfänger, für den sie bestimmt ist, empfangen, sondern prinzipiell von allen teilnehmenden Stationen, wobei aber jede Station aufgrund der in der Nachricht mitgeführten Adresse die Nachricht entweder annimmt oder ignoriert. Dies entspricht auch dem Prinzip der Mehrpunktverbindung.

Es ist auch leicht zu sehen, daß das Prinzip des Broadcasting nicht nur in der Rundfunkübertragung auftritt, wenn es auch von daher seinen Ausgang genommen hat. Auch Mehrpunktverbindungen arbeiten grundsätzlich auf die gleiche Weise. Eine Station sendet, alle anderen empfangen. Durch die Definition einer Primär- und mehrerer Sekundärstationen funktioniert dies problemlos (siehe Kap. 2.2.2); sollen jedoch alle Stationen völlig gleichberechtigt sein, so ist das System äquivalent zu einem System mit Rundfunkübertragung: Wenn eine Station, und zwar eine beliebige, sendet, können alle anderen empfangen. Dazu sind freilich Leitungen mit hoher Übertragungskapazität erforderlich. Zu den wichtigsten praktischen Anwendungen von Broadcast-Systemen mittels Breitbandkabel gehört ETHERNET, ein von der Xerox Corp. entwickeltes lokales Netzwerksystem. An ein Breitbandkabel mit hoher Bandbreite von nur wenigen Kilometern Länge kann eine große Zahl von Knoten, d. h. Rechner oder Terminals, angeschlossen werden. ETHERNET eignet sich besonders in einem eng begrenzten lokalen Bereich, wo Breitbandkabel auf wirtschaftliche Weise an alle Knoten unmittelbar herangeführt werden und einen hohen Datenverkehr aufnehmen können. Bei weiter auseinanderliegenden Stationen wird die Verwendung von Breitbandkabeln, die ja im Broadcasting den gesamten Datenverkehr an alle Stationen übermitteln müssen, zunehmend unwirtschaftlich gegenüber sternförmigen oder Maschennetzen, die durch geeignete Wegsteuerung (siehe Kap. 4.3.2.3.2.2) den Datenverkehr auf den einzelnen Leitungsabschnitten wesentlich niedriger halten.

Noch eine dritte Übertragungstechnik arbeitet nach den gleichen Prinzipien: die Satellitenübertragung. Auch hier sendet eine Station Daten zum Satelliten, von wo sie zur Erde reflektiert werden und von allen Stationen (einschließlich des Senders selbst) empfangen werden können. Wesentlicher Unterschied zu den beiden anderen Arten ist die überaus lange Übertragungszeit aufgrund der Entfernung des Satelliten von der Erde (ca. 270 ms).

Das eine haben alle drei Übertragungsmethoden gemeinsam, egal ob als Übertragungsmedium Radiowellen auf der Erde, Breitbandkabel oder Radiowellen über Satelliten fungieren: Die Übertragung der Daten erfolgt auf einem einzigen gemeinsamen Übertragungskanal, der es ermöglicht, daß alle teilnehmenden Stationen alle Daten gleichzeitig empfangen können. Dies wirft auch schon das Hauptproblem auf, das Broadcast-Systeme von anderen Netzwerksystemen unterscheidet: Werden zwei oder mehrere Nachrichten gleichzeitig auf dem einzigen Übertragungsmedium übertragen und von allen Stationen empfangen, treten Überlappungen und Kollisionen auf, die es unmöglich machen, die verschiedenen Nachrichten zu unterscheiden. Die Nachrichten sind daher nicht entzifferbar und müssen als fehlerhaft zurückgewiesen werden. Gerade bei einem hohen Nachrichtenverkehrsaufkommen führt dies zu einem außergewöhnlich niedrigen Durchsatz. Wie er dennoch verbessert weren kann, soll im folgenden beschrieben werden:

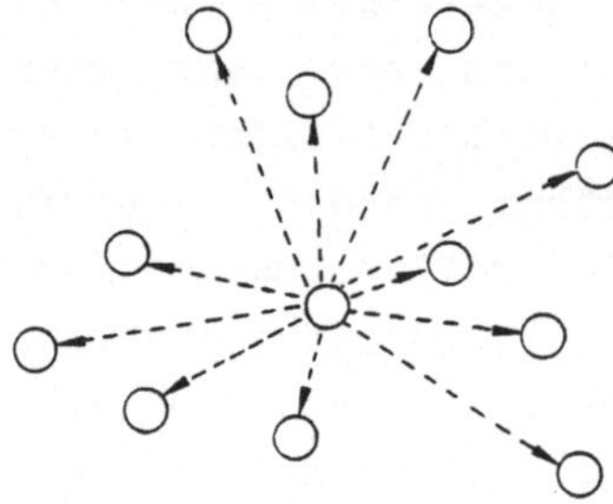

a) Radiowellen auf der Erde

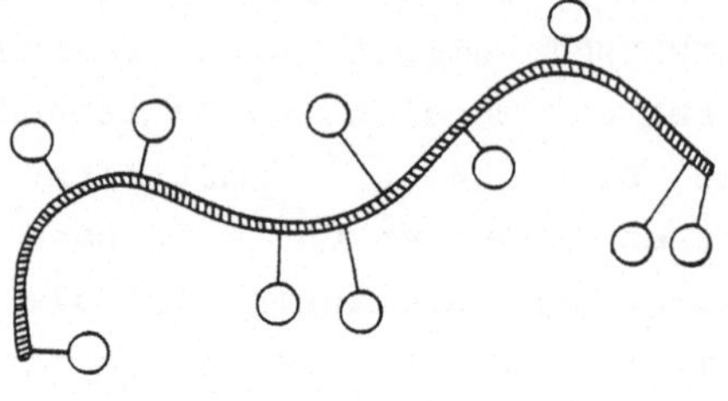

b) Mehrpunktverbindung über Breitbandkabel (ETHERNET)

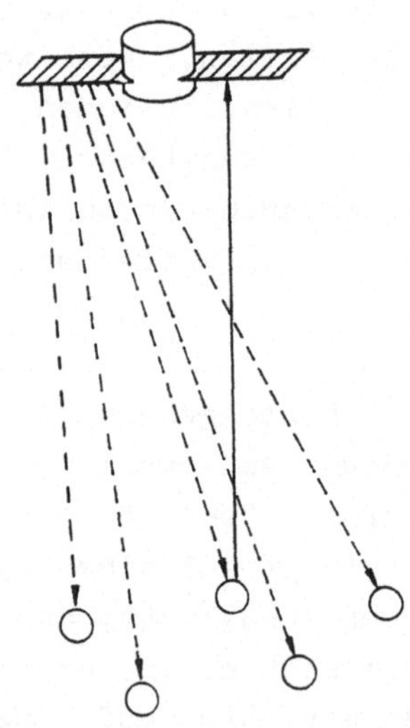

c) Satellitenübertragung

Fig. 4.51 Verschiedene Möglichkeiten für Broadcast-Systeme

4.5.2. Kollisionen und deren Vermeidung

Um im Falle von Kollisionen nicht sofort lange Nachrichten zu verlieren, ist eine Unterteilung der Nachrichten in kleinere Datenpakete, möglichst von einheitlicher Größe, notwendig. Entdeckt werden Kollisionen nur dadurch, daß eine für jedes Datenpaket erwartete Bestätigung vom Empfänger für mehr als eine festgesetzte Zeit (time out) ausbleibt. In diesem Fall muß das Datenpaket wiederholt werden. Lediglich bei Satellitensystemen kann auf Bestätigungen verzichtet werden, da auch der Sender die gesendeten Daten selbst wieder empfängt, was gleichsam als Bestätigung dafür dient, daß auch alle anderen Stationen die Daten auf die gleiche Weise (mit oder ohne Kollision) erhalten haben.

Die einfachste Art, die Datenpakete zu senden, ist sicher die, daß jede Station zu jeder beliebigen Zeit ohne Rücksicht auf die anderen Stationen zu senden beginnen kann. Zur Vermeidung von Kollisionen wird vorerst nichts getan. Dieses System wird nach dem Broadcast-System der Hawaii-Inseln "pure ALOHA", also reines ALOHA, genannt.

Wir wollen nun berechnen, wie groß die Wahrscheinlichkeit ist, daß zwei Datenpakete kollidieren. Wenn wir die eigentliche Leitungsübertragungszeit (propagation delay) vernachlässigen (vgl. Fig. 4.21), so erhalten wir als Übertragungszeit für ein Paket die Zeit t, wobei

$$t = \frac{\text{Paketlänge (bit)}}{\text{Kanalkapazität (bit/sec)}}$$

Eine Kollision tritt nur dann nicht auf, wenn während der Zeit t vor und nach Beginn der Übertragung keine Übertragung eines anderen Paketes von irgendeiner Station begonnen wird. Dies hängt von der Verkehrsdichte ab. Unter der Annahme einer Poissonverteilung für die Zahl der zu übertragenden Datenpakete pro Zeiteinheit gehorcht die Wahrscheinlichkeit, daß eine Kollision vermieden werden kann, das heißt, daß während eines Intervalls der Länge 2t keine weitere Übertragung beginnt (siehe auch Fig. 4.52), der negativen Exponentialverteilung und läßt sich wie folgt berechnen:

$$p = e^{-\lambda . 2t}$$

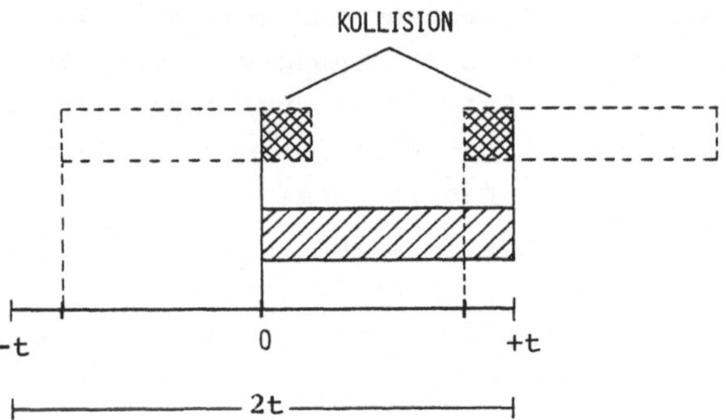

Fig. 4.52 Kollision von Paketen im reinen ALOHA-System

Der Durchsatz, also die effektive Ausnutzung der verfügbaren Bandbreite, läßt sich nun aus dem gesamten Verkehrsaufkommen (Zeit, in der der Kanal durch Datenpakete belegt ist), $\lambda.t$, und der Wahrscheinlichkeit, daß keine Kollision auftritt, berechnen:

$$D = \lambda.t.p = \lambda.t.e^{\lambda.2t}$$

Es läßt sich leicht zeigen, daß der maximale Durchsatz für $\lambda.t = 0,5$ erzielt wird, sodaß

$$D = 0,5.e^{-1} = 0,184$$

Im reinen ALOHA-System ist also eine maximale Auslastung der Bandbreite von 18,4 % möglich, ein äußerst schlechter Wert, der in der Praxis nicht einmal genau erreicht werden kann, da nicht berücksichtigt wurde, daß auch die Wiederholungen wieder kollidieren können. Erhöht sich das Verkehrsaufkommen weiter, nehmen die Kollisionen derart zu, daß die meisten der Datenpakete nur mehr Wiederholungen aufgrund vorhergehender

Kollisionen sind, was rasch zum Zusammenbruch des gesamten Systems führt.

Es ist also unbedingt notwendig, das System des reinen ALOHA zu verbessern, um überhaupt sinnvolle Durchsatzraten zu erzielen.

Eine erste Verbesserung kann dadurch erreicht werden, daß ein Synchronisierungstakt mit dem Intervall t bei allen Stationen bewirkt, daß das Senden nicht zu einem beliebigen Zeitpunkt, sondern nur zum Zeitpunkt des Taktsignals beginnen darf. Für die Wahrscheinlichkeit, daß eine Kollision vermieden wird, ist nun nicht das Intervall 2t, sondern nur t relevant (Fig. 4.53).

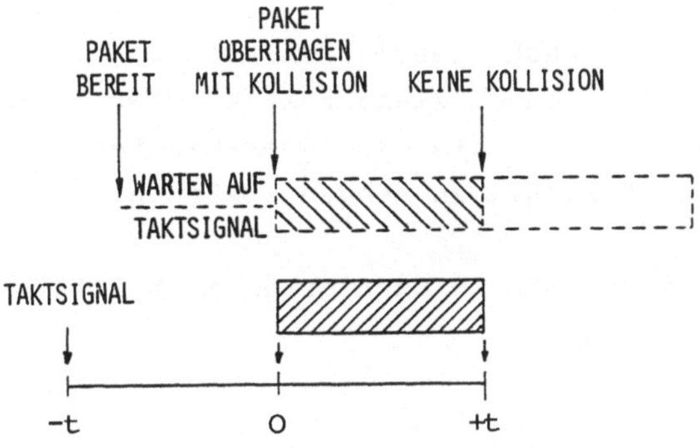

Fig. 4.53 Halbierung der Kollisionen durch Takt

Für die Wahrscheinlichkeit p ergibt sich nun

$$p = e^{-\lambda . t}$$

und auch der Durchsatz verdoppelt sich zu einer maximalen Ausnützung von 36,8 % der Bandbreite bei einem Verkehrsaufkommen von $\lambda . t = 1$. Auch dieser Wert ist nur ein theoretisches Maximum, das aufgrund von Kollisionen der Wiederholungspakete nicht ganz erreicht werden kann.

Für die Wiederholungen nach Kollisionen ist zu beachten, daß die Pakete in unterschiedlichen Zeitabständen wiederholt werden müssen, da sonst die gleichen Kollisionen immer wieder auftreten.

Eine weitere Möglichkeit, Kollisionen weitgehend zu vermeiden, wird durch "in den Kanal hineinhorchen" erreicht, bevor ein Datenpaket gesendet wird. Da jede Station den gesamten Datenverkehr mithören kann, ist es möglich, festzustellen, ob der Übertragungskanal frei ist oder nicht. Ist er frei, kann das Paket gesendet werden; ansonsten wird es zurückgehalten, um eine Kollision zu vermeiden, und ein neuer Versuch wird zu einem späteren Zeitpunkt gemacht. CB-Funker, die ja eine Art Broadcast-System bilden, gehen nach dem gleichen Prinzip vor, um Überlappungen auf demselben Kanal zu vermeiden.

Natürlich können auch dabei Kollisionen auftreten, wenn nämlich zwei Stationen gleichzeitig oder in einem Zeitabstand, der kürzer ist als die Übertragungszeit des ersten Signals auf der Leitung, zu senden beginnen.

Dieses System wird CSMA (= Carrier Sense Multiple Access) genannt.

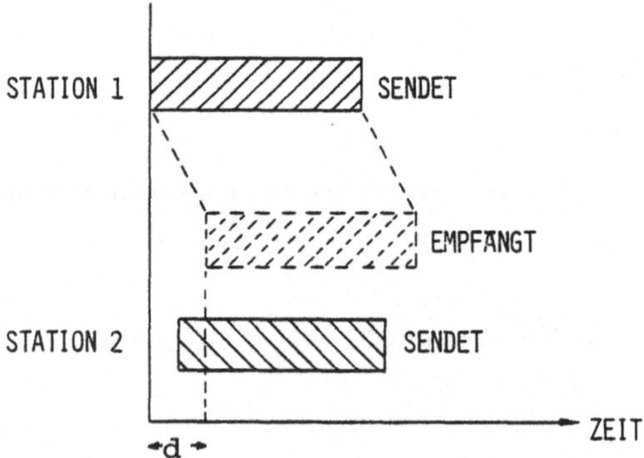

Fig. 4.54 Kollision bei CSMA

Fig. 4.54 zeigt, daß Station 2 zu senden beginnt unter der Annahme, der Kanal sei frei, weil das Signal von Station 1 noch nicht empfangen wurde. Eine Kollision tritt auf, wenn der Sendebeginn in den Zeitabschnitt d fällt.

Auch beim CSMA-System können noch Verbesserungen erzielt werden durch ein Taktsignal, das ähnlich wie bei ALOHA einen Sendebeginn gerade in der kritischen Zeit, wie in Fig. 4.54 dargestellt, ausschließt. Ein wichtiger Faktor ist auch die Wahl des Zeitabstandes, nach dem ein neuerlicher Versuch zu senden unternommen wird, wenn der Kanal besetzt war. Ist der Abstand zu kurz, treten vermehrt Kollisionen auf, ist er zu lang, wird der Durchsatz durch unnötige Wartezeiten vermindert. /Davi 79/ berechnet die maximale Kanalausnützung bei einem optimal ausgelegten CSMA-System mit 85 %, was eine deutliche Überlegenheit gegenüber dem einfachen ALOHA-System bedeutet.

Die angegebenen Methoden werden insbesondere bei Rundfunk-Übertragungssystemen und bei Broadcast-Systemen über Breitbandkabel wie etwa ETHERNET angewendet. Anders ist dies bei Satellitensystemen. Wegen der langen Übertragungszeit zum Satelliten und zurück ist die CSMA-Methode völlig wirkungslos. Der Zeitabstand d in Fig. 4.54 ist mit ca. 270 ms wesentlich länger als die für das Senden eines Paketes benötigte Zeit. Ein "in den Kanal hineinhorchen" kann daher Kollisionen nicht besser vermeiden als das ALOHA-System mit einer Kanalauslastung von 36,8 % bei Vorgabe eines Taktsignals.

Um den Durchsatz eines Satellitensystems zu verbessern, muß daher schon vor dem Senden eines Datenpaketes gesichert sein, daß nur eine einzige Station den entsprechenden Zeitabschnitt benützt. Dies ist nur durch einen Mechanismus zur Reservierung von Zeitabschnitten möglich. Dazu wird die Zeit in Abschnitte unterteilt, deren Länge das Senden genau eines Paketes zuläßt. Diese Zeitabschnitte müssen jeweils eine genügend lange Zeit vorher fix einem bestimmten Sender zugeordnet werden, damit dieser garantiert kollisionsfrei sein Datenpaket senden kann. Dies wird dadurch erreicht, daß jeder n-te Zeitabschnitt nicht der Datenübertragung dient, sondern selbst wieder in m kleine Reservierungsabschnitte unterteilt ist, in die die einzelnen Stationen ihre Reservierungswünsche eintragen können (siehe Fig. 4.55). Die Reservierungswünsche müssen dabei nicht genau mit der Zahl der verfügbaren Datenabschnitte übereinstimmen. Ein Algorithmus, der in jeder Station implementiert sein muß, entscheidet über die endgültige Reservierung der Datenabschnitte. Da alle Stationen die Reservierungsabschnitte erhalten und denselben Algorithmus anwenden, sind Kollisionen der Datenpakete ausgeschlossen.

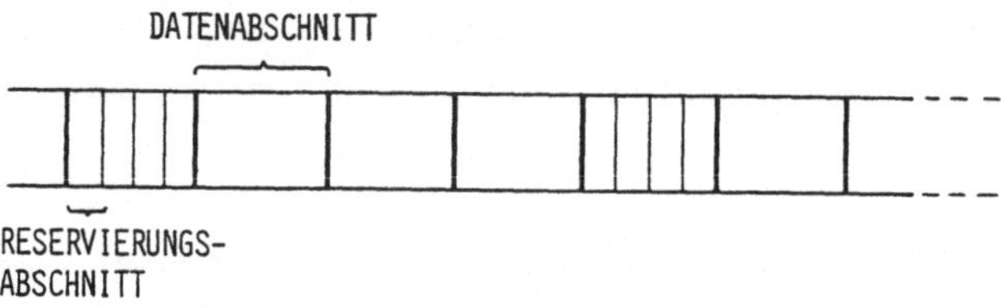

Fig. 4.55 Reservierungsmechanismus für Satellitensysteme

Was die Anwendung von Broadcast-Systemen betrifft, so wurde schon für ETHERNET erwähnt, daß derartige Netze nur für einen engen geographischen Bereich in Frage kommen. Auch reine Rundfunksysteme sind nur in einem begrenzten Raum möglich. Für größere Entfernungen sind konventionelle Netzwerkarchitekturen, wie sie in den vorhergehenden Kapiteln behandelt wurden, im allgemeinen wirtschaftlicher.

Satellitensysteme werden vor allem dort eingesetzt, wo eine hohe Bandbreite über große Entfernungen erforderlich, die Verzögerung von 270 ms bei der Übertragung jedoch weniger bedeutend ist. Ein Zusammenwirken zwischen Satellitensystemen und paketschaltenden Netzen ist vor allem bei den großen Netzwerken mit Interkontinentalverbindung sinnvoll.

Broadcast-Systeme werden ausführlich in folgenden Büchern behandelt: /Abra 73/, /Davi 79/, /Klei 76/, /Schw 77/.
ETHERNET ist außerdem in /Metc 76/ beschrieben.

Literatur

Bücher:

/Abra 73/ N. Abramson, F. Kuo, Computer-Communication Networks, Prentice-Hall, 1973.
Sammlung von Beiträgen zu verschiedenen Aspekten der Rechnernetzwerke.

/Boch 79/ G.V. Bochmann, Architecture of Distributed Computer Systems, Lecture Notes in Computer Science, Vol. 77, Springer-Verlag, Berlin, 1979.
Vorlesungsskriptum in englischer Sprache.

/Cyps 78/ R.J. Cypser, Communications Architecture for Distributed Systems, Addison Wesley, 1978.
Ausführliche Beschreibung von IBM-Systemen.

/Davi 73/ D.W. Davies, D.L.A. Barber, Communication Networks for Computers, John Wiley & Sons, 1973.
Älteres Standardwerk über Rechnernetzwerke.

/Davi 79/ D.W. Davies, D.L.A. Barber, W.L. Price, C.M. Solomonides, Computer Networks and Their Protocols, John Wiley & Sons, 1979.
Ausführliches Standardwerk über Netzwerke.

/DBP 77/ Deutsche Bundespost, CCITT Empfehlungen der V-Serie und der X-Serie: Datenübertragung, R.v. Decker's Verlag, G. Schenck, Hamburg, 1977.

/Doll 78/ D. Doll, Data Communications: Facilities, Networks and Systems Design, John Wiley & Sons, 1978.
Behandlung der Datenfernübertragung unter besonderer Betonung der Verhältnisse in den U.S.A.

/Holl 75/ E. Holler, O. Drobnik, Rechnernetze, Reihe Informatik/17, B.I.-Wissenschaftsverlag, 1975.
Einführung in die Grundlagen, Betonung der höheren Protokolle, in deutscher Sprache.

/Klei 76/ L. Kleinrock, Queuing Systems, Vol. II: Computer Applications, John Wiley & Sons, 1976.
Anwendung der Warteschlangentheorie auch auf Computernetzwerke.

/Krau 72/ R. Kraushaar, L. Jakob, D. Goth, Datenfernverarbeitung, Siemens AG, München 1972.
Kurzer Überblick über Konzepte und Geräte in deutscher Sprache.

/Mart 69/ J. Martin, Telecommunications and the Computer, Prentice-Hall, 1969.
Klassisches Werk zur Übertragungstechnik.

/Mart 72a/ J. Martin, Systems Analysis for Data Transmission, Prentice-Hall, 1972.
Analytische Methoden in der Datenfernverarbeitung.

/Mart 72b/ J. Martin, Introduction to Teleprocessing, Prentice-Hall, 1972.
Einführung in die Grundbegriffe der Datenfernverarbeitung.

/Mart 77/ J. Martin, Future Developments in Telecommunications, Prentice-Hall, 1977.
Ausführliche Behandlung der gesamten Netzwerktechnologie.

/McQu 78/ J. McQuillan, V. Cerf, Tutorial: A Practical View of Computer Communication Protocols, IEEE Computer Society, 1978.
Artikelsammlung über Kommunikationsprotokolle.

/Oett 74/ K. Oettl, Datenübertragung und -fernverarbeitung, Sammlung Göschen, Walter de Gruyter, 1974.
Einführung in die Übertragungstechnik in deutscher Sprache.

/Schn 78/ P. Schnupp, Rechnernetze, Entwurf und Realisierung, Walter de Gruyter, 1978.
Einführung in Entwurfsprinzipien und Protokolle in deutscher Sprache.

/Schw 77/ M. Schwartz, Computer Communication Network Design and Analysis, Prentice-Hall, 1977.
Einführung in analytische Methoden für den Entwurf von Netzwerken.

/Stel 74/ E. Stelmach, Introduction to Minicomputer Networks, Digital Equipment Corp., 1974.
Überblick über Netzwerkkonzepte unter Betonung von DEC Systemen.

/Unge 76/ H.G. Unger, Optische Nachrichtentechnik, Elitärer Verlag, 1976.
Ausführliche Behandlung in deutscher Sprache.

Weitere Literatur:

/ASSA 80/ Austrian Access to EURONET, Interim Report on Probable Benefits in the Scientific and Technical Information Field, Austrian Solar and Space Agency (ASSA), 1980.

/BMWF 78/ Daten, Dienste, Dokumente 3, Automatisierte Wissenschaftsinformationssysteme in Österreich, Bundesministerium für Wissenschaft und Forschung, Wien, 1978.

/Börg 78/ J. Börger, G. Schulze, The PIX Virtual Terminal Protocol, PIX/VTP/TEK/78/01, Gesellschaft für Mathematik und Datenverarbeitung, Bonn, 1978.

/Boyl 80/ W.S. Boyle, Optische Nachrichtensysteme, Spektrum der Wissenschaft, Erstedition 1980.

/Brem 77/ J. Bremer, A. Endrizzi, File Management in a Network Context, Commission of the European Communities, EIN/EUR/77/002, 1977.

/Bres 72/ R. Bressler, R. Guida, A. McKenzie, Remote Job Entry Protocol, RFC 407, NIC 12112, SRI International, Menlo Park, California, Oct. 1972.

/Bruc 79a/ G. Bruckner, Übersicht über die Methoden der Wegfindung in paketschaltenden Rechnernetzen, TR DA 1979/02/01, Inst. f. Digitale Anlagen, TU Wien, Feb. 1979.

/Bruc 79b/ G. Bruckner, Höhere Protokolle in Rechnernetzwerken, ÖCG Mitteilungsblatt Nr. 24, November 1979.

/Burk 81/ H. J. Burkhardt, Kommunikation offener Systeme - Stand und Perspektiven der Normungsarbeit, ONLINE '81, 4. Europäischer Messekongreß für Telekommunikation, Feb. 1981.

/CCIT 78/ CCITT, Provisional Recommendations X.3, X.25, X.28, X.29 on Packet Switched Data Transmission Services, ISBN 92-61-00591-8, Geneva, 1978.

/CCIT 80/ Draft Revised CCITT Recommendation X.25, Computer Communication Review, Vol. 10, No. 1/2, Jan./April 1980.

/CDC 79/ Control Data Corp., Network Access Method, Vers.1, Reference Manual, CDC 60499500, Nov. 1979.

/Corr 79/ F. P. Corr, D. H. Neal, SNA and Emerging International Standards, IBM Systems Journal, Vol. 18, No. 2, 1979.

/Date 78/ Datentechnik, Data Communication Seminar, Datentechnik Ges.m.b.H. & Co. KG Austria, 1978.

/Day 80/ J.D. Day, Terminal Protocols, IEEE Transactions on Communications, COM-28, No. 4, April 1980.

/DBP 79/ Introduction of the Public Packet-Switched DATEX Service, Fernmeldetechnisches Zentralamt/DBP, 1979.

/EC 77/ Commission of the European Communities, Data Entry Virtual Terminal Protocol for EURONET, Luxembourg, Sept. 1977.

/EHKP 80/ Einheitliche Höhere Kommunikationsprotokolle, Ebene 4, Basisumfang, Version 1.1, AG DFV 48/80, BM des Inneren (BRD), Nov. 1980.

/Folt 80/ H.C. Folts, Procedures for Circuit Switched Service in Synchronous Public Data Networks, IEEE Transactions on Communications, COM-28, No. 4, April 1980.

/Gien 78/ M. Gien, A File Transfer Protocol, Computer Networks, Vol. 2, No. 4-5, 1978.

/Gree 80/ P. Green, Introduction to Network Architectures and Protocols, IEEE Transactions on Communications, COM-28, No. 4, April 1980.

/Haig 78/ G.T. Haigh, R.P.J. Winsborrow, Requirements for a File Transfer Protocol, Computer Science and Systems Division, AERE, Harwell, U.K., EIN/AERE/78/007, March 1978.

/Hals 79/ J. R. Halsey, L. E. Hardy, L. F. Powning, Public Data Networks: Their Evolution, Interfaces, and Status, IBM Systems Journal, Vol. 18, No. 2, 1979.

/Hege 81/ M. Hegenbarth, Stand der Normung im CCITT, Ebene 2-6, Fachtagung der GI: Kommunikation in verteilten Systemen, Informatik-Fachberichte 40, Springer-Verlag, Berlin, Jan. 1981.

/Hein 78a/ W. Heinze, H.W. Strack-Zimmermann, M. Wilhelm, BERNET - The Berlin Computer Network, Berichte zur praktischen Informatik 15: Datennetze, 1. Treffen des German Chapter of the ACM, Wiesbaden, Juni 1978.

/Hein 78b/ W. Heinze, B. Struif, M. Wilhelm, The PIX-RJE Protocol, PIX/RJE/TEK/78/01, Gesellschaft für Mathematik und Datenverarbeitung, Bonn, 1978.

/IBM 70/ IBM Systems Reference Library, General Information - Binary Synchronous Communications (BSC), GA27-3004-2, 1970.

/IBM 79/ IBM Systems Reference Library, Synchronous Data Link Control (SDLC), General Information, GA27-3093-2, 1979.

/ISO 80a/ ISO/TC97/SC16, Open Systems Interconnection, Basic Reference Model, Draft Proposal, ISO/DP 7498, Dec. 1980.

/ISO 80b/ ISO/TC97/SC16, International Organization for Standardization, Draft Transport Service Specification, ISO/TC97/SC16 N563, Dec. 1980.

/Jame 78/ B. Jamet, M. Monnet, Terminal Handling Protocols in a Packet Switched Public Data Network, Computer Communications, Vol. 1, No. 4, Aug. 1978.

/Keru 79/ H. Kerutt, R. Speth, Job Transfer in Open Systems, Fachtagung der GI: Kommunikation in verteilten Systemen, Informatik Fachberichte 22, Springer-Verlag, Berlin, Dez. 1979.

/Kost 78/ K. Kostro, MTC-Message Transmission Controller, Entwurf und Implementierung eines Prozeßkommunikationssystems, Diplomarbeit, Institut für Informationstechnik, TU-Wien, Mai 1978.

/Kunf 80/ W. Kunft, Implementation of Network Protocols and Software on a Model of an X.25 Packet Switching Data Network, ONLINE 1980, Data Networks, Developments and Use, London, June 1980.

/Magn 79/ F. Magnee, E. Endrizzi, J. Day, A Survey of Terminal Protocols, Computer Networks, Vol. 3, No. 5, Nov. 1979.

/McFa 76/ J. McFadyen, Systems Network Architecture: An Overview, IBM Systems Journal, Vol.15, No.1, 1976.

/McQu 77/ J. McQuillan, D.C. Walden, The ARPA Network Design Decisions, Computer Networks, Vol. 1, Aug. 1977.

/Metc 76/ R. Metcalfe, D. Boggs, ETHERNET: Distributed Packet Switching for Local Computer Networks, Comm. of the ACM, Vol. 19, No. 7, July 1976.

/Pope 80/ R. Popescu-Zeletin, B. Butscher, L. Henckel, W. Heinze, G. Maiß, K. Jacobsen, The Virtual File System, HMI-B 333, Hahn-Meitner-Institut für Kernforschung Berlin GmbH, Okt. 1980.

/Post 80/ J. Postel, Internetwork Protocol Approaches, IEEE Transactions on Communications, COM-28, No. 4, April 1980.

/Pouz 76/ L. Pouzin, Virtual Circuit vs. Datagram - Technical and Political Problems, AFIPS Conference Proceedings, Vol. 45, 1976, S. 483.

/Rayn 80/ D. Rayner, File Handling Protocol Standards, Online International Conference 80: Data Networks, Developments and Use, London, June 1980.

/Schi 80/ S. Schindler, Distributed Abstract Machine, Computer Communications, Vol. 3, No. 5, Oct. 1980.

/Schi 81/ S. Schindler, J. Schulze, Open Systems: The Session Service, Computer Communications, Vol. 4, no. 2, Apr. 1981.

/Shoc 78/ J.F. Shoch, Inter-Network Naming, Addressing, and Routing, Proc. Compcon fall 1978, IEEE, N.Y. 1978.

/Siem 77/ Siemens TRANSDATA, Datenfernverarbeitung, Rechnernetze, Einführung, Siemens AG, 1977.

/Slom 78/ M. S. Sloman, X.25 explained, Computer Communications, Vol. 1, No. 6, Dec. 1978.

/Spet 81/ R. Speth, Standardisierung von Layer 6/7 Services und Protokollen im nationalen und internationalen Bereich, Fachtagung der GI: Kommunikation in verteilten Systemen, Informatik-Fachberichte 40, Springer-Verlag, Berlin, Jan. 1981.

/Suns 75/ C. Sunshine, Interprocess Communication Protocols for Computer Networks, Ph.D.-Dissertation, Stanford University, 1975.

/Stut 72/ B. Stutzman, Data Communication Control Procedures, Computing Surveys, Vol.4, No.4, Dec. 1972.

/Toda 80/ I. Toda, DCNA Higher Level Protocols, IEEE Transactions on Communications, COM-28, No. 4, April 1980.

/Univ 79/ Univac, Telcon System, System Description, UP-8455, Rev. 1, 1979.

/Vogt 79/ F. Vogt, E. Dregger, H. Eckert, B. Lausch, Specification of a Transport and Session Layer Protocol Based on the Message Link Protocol, Gesellschaft für Mathematik und Datenverarbeitung, Bonn PIX/HLP/TAG/79/05, Sept. 1979.

/Weck 79/ S. Wecker, Computer Network Architectures, IEEE Computer, Vol. 12, No. 9, Sept. 1979.

/Wosn 80/ L. Wosnitza, J. Knop, Virtuelle Terminals, Das Rechenzentrum, Jg. 3, Heft 2, 1980.

/Wort 81/ H. Wortmann, Sachstand der Festlegung "Einheitlicher Höherer Kommunikationsprotokolle" (EHKP) als nationale Zwischenlösung, Fachtagung der GI: Kommunikation in verteilten Systemen, Informatik-Fachberichte 40, Springer-Verlag, Berlin, Jan. 1981.

/Zimm 81/ H. Zimmermann, The ISO Reference Model for Open Systems Interconnection, Fachtagung der GI: Kommunikation in verteilten Systemen, Informatik Fachberichte 40, Springer-Verlag, Berlin, Jan. 1981.

Sachverzeichnis

Abort 152
Acknowledgement 48, 145 f
adaptive Wegsteuerung 135, 139
ALOHA 172, 175-180
Amplitude 15 f, 18, 21
Amplitudenmodulation 15
Analog-Digital-Umwandlung 22, 49
analoge Übertragung 21, 75
Antwortzeit 11, 23, 101, 103 ff
Anwendersystem 114 f, 147 f, 169 f
Anwendungsprozeß 113, 143, 149, 152, 155, 157, 161, 170 f
Anwendungsschicht 113, 153
Application Layer 113, 115, 148, 161 f, 171
Architekturmodell 113
ARPA 9, 109 ff, 116, 134, 140 ff, 145, 148
ASCII 12, 46, 72
asynchrone Übertragung 28 f, 38, 48, 72, 89
Auslastung 101, 103 ff, 176
Bandbreite 17 ff, 83 f, 91 f, 173, 176, 180
Basisband 14, 83, 88, 95
Baud 14
Beendigung 42-46, 54, 57
Benutzergruppe 162
Benutzerprozeß 152, 156, 158 f
Bestätigung 48, 52, 63 ff, 91 f, 107, 110 f, 129, 145, 147, 152, 175
Bit-Stuffing 59 f, 69 f
Botschaftslänge 108
Breitband 39
Breitbandkabel 173 f, 179
Broadcast-Prinzip 23, 172
Broadcast-System 165, 172-180
BSC-Protokoll 49-57, 70, 72
Call Accepted 124 ff, 131, 146
Call Connected 124 ff, 131, 146
Call Request 123 ff, 131, 146
Carrier Sense Multiple Access (CSMA) 178 ff
CCITT 25, 36 f, 46, 88, 116, 120, 156 f, 165
Character-Stuffing 50, 69 f
Clear 124, 126 f, 146
Close 151
Code 12, 15 ff, 41, 46 ff, 59, 72, 165
Codierung 12-16, 23, 61 f
Command 60 ff, 68
Connect 144 ff
Count 69 f
Cyclic Redundancy Check 50, 69, 72
Data Circuit Terminating Equipment (DCE) 116-133, 156
Data Terminal Equipment (DTE) 116-135, 143 ff, 165
Datagram 130, 132 ff, 139, 168
DATAPAC 117
Dateiorganisation 157
Dateiübermittlung 158
Dateiverwaltung 158

Dateizugriff 159
Datenaustausch 37, 41, 76, 80, 117, 119, 149 ff
Datenendeinrichtung (DEE) 32-37, 88, 116, 157
Datenformat 153
Datenpaket 122 ff, 139, 142 f, 175 ff
Datenstation 37, 75, 157, 159
Datenteilnahme 6
Datenübertragung 5, 21, 25, 32, 36f, 48, 68f, 83, 86f, 92, 102f, 113, 167, 169, 172, 179
Datenübertragungseinheit 32-37
Datenübertragungseinrichtung (DÜE) 32-36, 157
Datenübertragungssteuerung 33 f
Datexnetz 33, 38 f, 87
DATEX-L 87, 169
DATEX-P 8, 39, 117, 163 ff, 169
DDCMP 68 ff, 119
Deadlock 129, 132, 161
DECNET 79, 148
DIANE 163
digitale Übertragung 21, 23, 33, 87
DIN 46 f
Disconnect 145 f
Distributed Processing 7, 76
Distributed Systems Network 79
Doppelstrom 13
duplex 25 f, 58
Durchsatz 141, 174, 176 ff
Durchschaltevermittlung 79, 85, 90
Effizienz 72 ff
Einfachstrom 12 f, 17
Einzelleitung 9, 41, 75, 77, 81, 91, 99, 119, 141, 147, 167, 170
electronic mail 4
End-zu-End-Flußsteuerung 112, 141 ff, 145
End-zu-End-Protokoll 170
End-zu-End-Verbindung 106, 142 ff, 147
Entity 113 f
Eröffnung 42-46, 54, 57
ETHERNET 173 f, 179 f
EURONET 7, 117, 163 ff
Expedited SSDU 151
Expedited TSDU 147
Exponentialverteilung 176
Fehlererkennung 23, 50, 60, 69, 72, 97, 119, 122, 143, 147
Fehlerhäufigkeit 73
Fehlerwahrscheinlichkeit 39, 61
Fernschreiber 9, 33, 38, 75
Fernsprechnetz 32, 39, 167
File Access 159
File Management 158, 161
File Transfer 158, 160, 162
Filestruktur 153
fixe Wegsteuerung 135 f, 139, 142
Flag 59 f, 72, 123
Flow Control 122, 128, 141 f
Flußsteuerung 111 f, 119 ff, 124, 128, 130, 132, 141 ff, 152, 165, 167
Folgenummer 61-67, 129, 132, 145
Folgeregister 61-67
Frame 58-70, 129, 132

Frame Checking Sequence 60, 63 f, 72, 119, 123, 130
Frequenz 15 ff, 23, 83, 97
Frequenzmodulation 16
Frequenzmultiplexen 27, 83
Front End Processor 8, 32
Gateway 163 ff
Gebühr 39, 89, 169
Geräteteilnahme 7
geschaltete Punkt-zu-Punkt-Verbindung 31 f, 41, 44 f, 52, 56 f, 58, 82
Geschwindigkeit 14, 38, 88 f, 91, 97 f, 103
Glasfaserleitung 8, 23 f
halbduplex 25 f, 38, 51 f, 57 f, 70, 72
Hauptkanal 91 f
HDLC 58-72, 86, 91, 110 f, 115, 119 f, 122, 128 f, 141, 147
Herstellernetz 79
heterogenes System 153
höhere Protokolle 162
homogenes System 153 f, 161
Host 8, 10, 109 f, 155, 159, 163
Hot Potato - Technik 140
IA 5 46 f
IMP 109 ff, 116
Incoming Call 124 ff, 146
Informationssystem 163
Internationale Standard Organisation (ISO) 9, 58, 112 f, 118, 145, 148, 169
I-Rahmen 63-67, 70, 122 ff, 125
isarithmische Methode 142
ISO-Modell 80, 112 f, 115-163, 165
Job Control Language 160 f
Job-Steuerung 159 ff
Job Transfer 160
Kanalausnützung 179
Kanalkapazität 19 f
Kapazität 3, 11, 20 f, 23, 76, 82, 92, 98 ff, 103, 108, 128, 136, 175
Kollision 30, 173, 175-180
Kommunikationsprotokoll 41, 43, 50-57, 79
Kommunikationssystem 113 f
Konzentrator 8, 10, 74, 78, 82 f, 100
konzentrieren 81 ff, 93
Labelling Service 151
Lastausgleich 7
Layer 115 f
least time delay 138
Leitungsauslastung 77
Leitungsausnützung 73 f, 77, 89, 167 f
Leitungsebene 90, 119 ff, 147, 170
Leitungskapazität 11, 136
Leitungskosten 31, 92 ff, 98
Leitungsschalten 106, 167 f
Leitungsübertragungszeit 175
Leitungsvermittlung 87, 165, 167, 169
Leitungsverzögerung 108
Line Amplifier 96 f
Line Receiver 96 f
Lineplexer 98 f
Linie 77

Link Access Procedure, Balanced Mode (LAP B) 119 f
Link Layer 115 f, 119 ff, 141, 170
logische Verbindung 107, 130, 132, 134, 167
logischer Kanal 121 ff, 125, 128 f, 131 f, 141
lokales Netz 76, 165
Maschennetz 77 f, 173
Mehrpunktverbindung 23, 30 f, 41 ff, 52, 54 f, 58, 68 f, 77, 100, 172, 174
Message 42-45, 145 f
Message Transmission Controller 143 ff
Modem 32-38, 51, 75, 88-103, 118
Modem Sharing Device 97 f
Modulation 14 ff, 22, 36 ff, 87 f
multiplexen 81, 83 f, 152
Multiplexer 8, 85, 93, 98
Multipointverbindung 30, 96
Multiport-Modem 92 ff
Nachrichtenlänge 134, 144 f
Nachrichtenübermittlung 42-46, 53 ff
Network Layer 115 f, 121, 170
Netzknoten 8, 10, 77, 79, 107, 109, 116, 119, 121 f, 134, 137, 156 f, 166, 172
Netztopologie 11, 78, 101, 107
Netzwerkarchitektur 80, 109, 180
Netzwerkebene 121 f, 130, 143 f, 147, 165, 167
Netzwerksteuerung 161
nichtspeichernde Netze 9, 79, 87, 167, 169
Normierung 115
offenes System 80, 110, 112 f, 115, 159 f
öffentliches Netz 7 f, 76, 79 ff, 114, 116 f, 157
Oktett 60 ff, 123, 125, 129
Open 149
Overhead 102 f, 168
Packet Assembly/Disassembly (PAD) 156 f
Paket 108 ff, 117, 119, 121-142, 167, 175-180
paketschaltend 109, 165, 168, 180
Paketvermittlung 39, 112 f, 115 ff, 165, 167 ff
parallel/seriell-Umwandlung 28
parallele Übertragung 26 f, 38, 70
parallele Verarbeitung 162
Parameter 15, 120, 144, 149 f, 152, 156, 162
Permit-Pool 142
Phase 15 f, 21
Phasenmodulation 16
Physical Layer 115 f, 118, 170
Physikalische Ebene 80, 118, 120
Ping-Pong-Effekt 140 f
Poisson-Verteilung 175
Polling 31, 44, 54 f, 102
Post 5, 7, 24, 32 f, 88 ff, 94 f, 100 f, 117, 169
Presentation Image 154 f
Presentation Layer 115, 148, 153 ff, 159, 162, 170
Primärstation 30 f, 42 f, 54, 58, 68, 96, 172
privates Netzwerk 79, 114
Programmteilnahme 6
propagation delay 108, 175
Protokoll 9, 35 f, 41-74, 86, 91, 110, 113 f, 116, 119 f, 132, 144, 148 f, 155 ff, 161 f, 165
Prozeßkommunikation 9, 148
Puffer 33, 51, 85, 107, 119 ff, 129, 132, 145, 147, 165

Puls Code Modulation 22
Punkt-zu-Punkt-Verbindung 29 ff, 41-46, 52, 54, 57 f, 75
pure ALOHA 175
Qualitätsmerkmal 144 f
Radiowellen 173 f
Rahmen 58-70, 120, 122 f, 141
Rauschen 20 f
Remote Job Entry 159
Reservierungsmechanismus 179 f
Reset 124, 128, 130, 152
Response 60 ff, 68
Resynchronisation 151 ff
Ring 77
Routing 110, 121 f, 134 ff, 141
Rundfunk 8, 172, 179 f
Satellit 23, 136, 173, 175, 179 f
Satellitenübertragung 22, 64 f, 69, 173 f
schalten 79, 81 f, 85
Schichtenmodell 113
Schnittstelle 32 f, 36 f, 58, 80, 87 f, 110, 113 f, 116 ff, 122 ff, 133, 165 f
SDLC 58, 68, 70
Segmentierung 122, 128, 134
Sekundärkanal 91 f
Sekundärstation 30 f, 42 f, 54, 58, 68, 77, 96, 172
Selection 31, 43, 54 f
Sendeberechtigung 150 f
serielle Übertragung 26 ff, 38, 70
Session 42, 149 ff, 161 f, 168, 170
Session Layer 115, 148 ff, 156 ff, 162, 170
Session Service Data Unit (SSDU) 150
shortest path 136
Signal 14-24, 37, 51, 75, 82, 87 91, 93, 96 f, 118, 172, 179
simplex 25
SITA 2 ff, 139
speichernde Netze 9, 79, 167, 169
Speichervermittlung 106
Spektrum 17
S-Rahmen 65, 124
Standard 9, 80, 112, 116, 144, 152, 154, 162, 165, 170 f
Standardformat 154, 162
Standardisierung 144, 154, 160, 162, 165, 167
Standleitung 32, 39 f, 75, 88 ff, 100, 128
Start-Stop-Terminal 156 f
Stern 77 f
sternförmiges Netz 75, 173
Steuerfunktion 153 f
Steuerpaket 122 f, 127, 132
Steuersprache 153
Steuerzeichen 1, 41 f, 46 ff, 58 f, 69, 72, 91, 102
store & forward 106
synchrone Übertragung 28 f, 38, 48, 89
Synchronisation 48, 149 ff, 162
Systemprotokolle 161 f
Systems Network Architecture (SNA) 79, 148
Taktsignal 27 ff, 177, 179
Telefon 5 f, 17, 21, 24, 31, 36 f, 42, 83, 87, 89 ff, 106, 169
Telefonleitung 2, 136
TELENET 7, 117

Teletype 9, 33, 38, 155
Telex 38 f, 87, 167
Terminal 1f, 6, 8 ff, 33, 36, 74, 75, 77 f, 80, 83, 88 ff, 96 ff, 109 ff, 114, 116, 142, 149 f, 155 ff, 159 f, 173
Time Division Multiplexing (TDM) 83 ff, 98
time-out 42, 66 f, 70, 119 f, 175
Topologie 77 f, 93, 100 f, 107, 135, 162
Trägermodulation 14, 23
TRANSDATA 79
Transformation 153 f, 158, 160, 162
TRANSPAC 7, 117, 133
transparent 49 f, 143
Transparenz 59, 70
Transport Layer 115 f, 142 ff, 147 f, 156 ff, 170
Transport Service Data Unit (TSDU) 145
Transportebene 142 ff, 149
Transportnetz 76, 79 f, 163
Transportsystem 114 ff, 143, 147 ff, 152, 163 ff, 169 ff
Transportverbindung 144 ff, 149, 152
Turn Management 150 f
two way alternate (TWA) 25, 151
two way simultaneous (TWS) 25, 150 f
TYMNET 7, 117
Überlappung 173, 178
Übertragungsfehler 42, 50
Übertragungsgeschwindigkeit 20, 73, 87
Übertragungskanal 26, 39, 83, 173, 178
Übertragungskapazität 20, 23, 76, 89, 108, 173
Übertragungsmedium 4, 8, 20, 23 f, 36, 75, 113 f, 116, 118 f, 170, 173
Übertragungsrate 20, 73, 102, 105
Übertragungszeit 102 f, 173, 175, 178 f
U-Rahmen 61, 124
Verbindungsabbau 36, 45 f, 57, 61 f, 119, 126, 145
Verbindungsaufbau 35 f, 44 ff, 57, 61 f, 83 ff, 90, 119 f, 125 ff, 131, 134, 144, 167 f
Verkehrsaufkommen 136, 138, 141, 174 ff
Verklemmung 132 f, 145, 161
Vermittlung 31 f, 36, 38, 79, 82, 106
verteilte Datenbank 75, 162
Verwaltungsprotokoll 161
Verzerrung 21
Verzögerung 72 f, 97, 138, 141, 180
Verzögerungswert 140
4-Draht 25 f, 89, 91, 94
virtual circuit 117, 128, 130,
virtuelle Verbindung 117, 122 f, 125, 128, 130-136, 139, 142, 157, 165, 168
virtuelles Filesystem 155, 157 ff, 162 f, 170
virtuelles Job Service 155, 159 f, 163, 170
virtuelles Terminal 155 ff, 162, 170
vollduplex 25 f, 38, 57 f, 70, 72, 88 f, 91
V.24 32-37, 80, 118
Wählleitung 39 f, 89, 128
Warteschlange 135, 140
Warteschlangentheorie 11, 103, 138
Wegsteuerung 122, 128, 131 f, 134 ff, 140 f, 165, 167, 173
Wiederaufsetzpunkt 151
Window 64 ff, 111, 119 ff, 128 f, 132, 141, 173

Wirtrechner 8, 78, 109 ff, 114, 116, 142 f, 156 f
X.3 157
X.20 32, 87, 115
X.21 32, 80, 87, 115, 118
X.25 58, 64, 80, 115-134, 141, 144, 146, 148, 156, 165
X.28 156 f
X.29 157
X.75 165 f
Zeit-Multiplexen 83 f
Zielknoten 109 ff, 118, 121, 123, 132-142
Zugriffsmethode 157
Zugriffsrechte 149
2-Draht 25 f, 89, 91